# 동생아, 우리 뭐 하고 놀까?

## 공동체를 살리는 유·초 연계 교육

# 동생아, 우리 뭐 하고 놀까?

공동체를 살리는 유·초 연계 교육

초판 1쇄 인쇄  2019년 4월 19일
초판 1쇄 발행  2019년 4월 27일

지은이 문재현, 김미자, 윤재화, 임오규, 권옥화
펴낸이 김승희

기획 정광일
편집 조현주
북디자인 김정숙

인쇄제본 (주)현문
종이 월드페이퍼(주)

주소 서울시 양천구 목동동로 293, 22층 2215-1호
전화 02) 3141-6553
팩스 02) 3141-6555
출판등록 2008년 3월 18일 제313-1990-12호
이메일 gwang80@hanmail.net
블로그 http://blog.naver.com/dkffk1020

ISBN 979-11-5930-098-1  03370

이 도서의 국립중앙도서관 출판예정도서목록(CIP)은
서지정보유통지원시스템 홈페이지(http://seoji.nl.go.kr)와
국가자료종합목록시스템(http://www.nl.go.kr/kolisnet)에서 이용하실 수 있습니다.
(CIP제어번호 : CIP2019014450)

공동체를 살리는 유·초 연계 교육

# 동생아, 우리 뭐 하고 놀까?

문재현

김미자

윤재화

임오규

권옥화

지음

# 무궁화 꽃이 피었습니다

어릴 적 골목에서 친구들과 동생들과 늦은 저녁까지 놀던 술래잡기 놀이입니다. 어린 동생들은 곧장 술래가 되기도 했지만 형들과 함께 한다는 생각에 그리도 열심히 달리기를 했습니다. 달리기를 잘했던 친구가 술래가 되어 동생들을 잡을 때면 여기저기 속상해 울던 동생들을 달래 주곤 했던 기억이 생생합니다. 그렇게 하루의 해가 저물면 내일은 또 다른 놀이로 삶을 풍성하게 채우던 것이 우리의 모습이었습니다.

시간이 지나고 공간은 바뀌었어도 아이들이 평화롭고 즐거워야 한다는 우리 교육의 꿈은 변함이 없습니다. 『공동체를 살리는 유·초 연계 교육-동생아, 우리 뭐 하고 놀까?』 책 속에도 이 같은 교육적 이상이 담겨 있습니다. 아이들이 행복한 세상을 꿈꾸며 펼쳐 온 실천들이 따뜻하게 전해집니다.

한솔초등학교와 충주남산초등학교를 중심으로 실천된 사례는 유치원과 초등학교의 울타리 속에 학교와 마을이 연결되고, 선생님과 지역 주민이 함께한 평화와 공감의 장입니다. 어린아이들의 첫 학교 유치원과 초등학교의 교육가족들이 형제애로 만나고, 함께 하는 놀이 속에 마음의 문을 열어 가며, 학교와 마을이 더불어 성장하는 교육공동체로 거듭나고자 노력한 시간들이기도 합니다.

봄·여름·가을·겨울 365일 아이들이 주인 되는 행복한 놀이세상에서, 어느덧 아이들은 부쩍 자라납니다. 선후배, 선생님들과 관계 맺기를 통하여 자라나는 아이들을 보며, 관계 맺기를 돕는 유·초 연계 교육의 역할과 가치를 다시 새겨 봅니다.

이 책이 세상에 펼쳐지기까지 학교 현장에서 유·초 연계 과정을 몸소 실천해 준 평화샘 선생님들을 비롯한 선생님들의 노력에 감사 드립니다. 머리가 아닌 가슴으로 서로 어울려 삶을 배우고 나눈 우리 어린이들의 배움과 성장에 힘찬 응원을 보냅니다.

끝으로 오늘도 여전히 어린이들을 따뜻한 배움터에서 평화롭게 키우고자 애쓰시는 모든 분들께 소중한 이 책을 권합니다.

2019년 3월
충청북도 교육감 김병우

들어가는 글

2018년 겨울 햇살 따뜻한 어느 날, 우리 넷은 자연스럽게 유·초 연계에 대한 그동안의 소감을 나누었다. 먼저 유치원 권옥화 선생이 얼굴 가득 웃음을 머금고 이야기했다.

"유·초 연계를 하면서 우리 아이들이 성장한 건 물론이고, 생전 처음 6학년 아이들을 제자로 둘 수 있었어요. 올해를 보내면서 '행복'이란 표현만으론 뭔가 부족해요. 정말 아주 풍성한 한 해였어요."

옆에 있던 임오규 선생도 맞장구를 쳤다.

"맞아요. 아이들이 성장하는 모습을 봤지만 내가 더 많이 성장했어요. 유치원 교사들의 어려움을 이해했고, 어떻게 협력해야 하는지도 알았거든요. 또 배움은 관계 속에서 더 깊어진다는 깨달음도 얻었어요."

윤재화 선생도 환하게 웃으며 이야기했다.

"처음에는 유치원을 돕는 줄 알았는데, 우리 반 아이들에게 더 도움이 되었어요. 아이들이 동생을 어쩜 그렇게 살뜰하게 챙기던지. 그야말로 형제자매 같았어요."

　이야기는 시간 가는 줄 모르고 이어졌다. 우리가 처음 책을 쓰기로 마음먹은 것은 2017년이었다. 처음에는 김미자, 윤재화, 임오규 선생의 실천과정을 모아서 책으로 엮기로 했다. 우리는 짧고 부족한 경험이지만 유·초 연계 과정에서 느낀 기쁨, 환희, 웃음, 눈물 그리고 시행착오를 고스란히 드러내자고 마음을 모았다. 여기에 2018년 유치원 권옥화 선생이 근무하는 충주금릉초병설유치원에서 나날이 새롭게 펼쳐지는 유·초 연계 사례가 나오자 더 보태기로 했다. 평소 '놀이꽃 밴드'(평화샘을 실천하는 사람들의 소통 공간)에 올린 사례와 함께 실천한 교사들, 아이들의 이야기를 모으면 쉽게 책을 만들 수 있지 않겠느냐는 생각이었다. 하지만 책을 내는 데는 우리가 생각한 것보다 더 오래 걸렸다. 글쓰기의 기본부터 다시 배워야 했고, 그때그때 빛나는 순간을 제대로 남겨 두지 않아 지난 일을 되돌아보며 써야 하는 어려움도 있었다. 또한 나날이 새로운 사례와 경험으로 유·초 연계의 뜻과 속살을 토론하고 새롭게 정리하는 데도 많은 시간이 걸렸기 때문이다.

　사진을 찾아보며 그때의 행복한 기억이 떠올라 생각에 젖기도 했다. 주변 교사들과 이야기를 나누며 처음 우리가 계획했던 것보다 훨씬 많은 뜻과 속살이 담긴 글을 쓰면서 더 깊은 배움과 깨달음을 얻을 수 있었다. 글이 생각대로 정리되지 않을 때는 포기하고 싶을 때도 있었다. 그때마다 우리의 이야기를 들으며 나도 해 보고 싶다고 공감해 준 교사들의 희망 가득한 얼굴이 떠올라 지난한 여정을 이겨낼 수 있었다. 다음에는 그때그때 과정을 기록하고 정리해서 주변 사람들과 공유하자는 다짐을 거듭했다.

이 책이 오늘도 수십 명의 아이들과 고군분투하는 유치원과 초등학교 교사와 예비 교사들, 외롭게 크는 아이를 걱정하는 부모들, 그리고 마을에서 공동체를 살리기 위해 애쓰는 사람들에게 작은 도움이 되었으면 한다.

우리가 책을 낼 수 있었던 것은 다섯 살부터 열세 살까지의 아이들, 유치원·어린이집·초등학교 교사들, 그리고 격려와 응원을 보내 준 부모님들, 유·초 연계를 믿고 지지해 준 원장, 교장, 교감 선생님들 덕분이다. 머뭇거리는 우리들을 기다려 주고, 나무가 아닌 숲을 볼 수 있도록 아낌없는 가르침과 새로운 비전을 일깨워 준 문재현 소장님, 함께 글을 읽고 토의하고 교정을 보아 준 청주와 용인 평화샘 교사들, 책을 펴내는 데 도움을 주신 살림터 정광일 사장님과 편집부에도 고마운 마음을 전한다.

2019년 3월 따뜻한 봄날 마을배움길연구소에서
유·초 연계 걸음마를 뗀 글쓴이 넷이 함께 씀

동생아, 우리 뭐 하고 놀까?

차례

# 공동체를 살리는
# 유·초 연계 교육

문재현

## 마을이 함께 아이를 기르는 꿈

큰아들이 다섯 살쯤 되었을 때 집을 고치느라 청주에 있는 아파트에서 몇 달 동안 생활했다. 마침 거실에 빨래를 널고 있는데, 아들이 와서 물었다.

　"아빠, 왜 빨래를 마당에다 안 널어?"
　"아파트에는 우리 마당이 없잖아."
　"나는 아파트가 싫어."
　"뭐가 싫은데?"
　"빨래도 밖에 못 널고, 맘대로 뛰어다닐 수도 없잖아. 친구도 없고, 곤충도 찾기 힘들어. 어른들도 모르는 사람투성이야."

농촌 마을에서 산과 들을 마음껏 뛰어다니며 놀다가 아파트에서 살자니 재미가 없었나 보다. 아들과 내가 농촌에 함께 살면서 느끼는 즐거움은 다양했다. 날마다 마을길을 걸어도 새로운 꽃이 피어 있고, 늘 만나는 사람들이라도 그 반응이 정겹고 똑같은 상황이 반복된 적이 없기 때문이다. 아들이 심심해하는 것을 보면서 요즘 도시에 사는 아이들이 얼마나 단순한 자극 속에서 사는지, 부모들이 얼마나 힘이 들지 새삼 알게 되었다.

요즘엔 많은 부모들이 고층 아파트에서 아이들을 키운다. 아파트 단지에도 손바닥만 한 놀이터가 있긴 하지만 정작 노는 아이들은 없고 오르내리기도 불편하다. 문만 열고 나가면 마당이 있고, 대문 밖 골목길에는 언제나 아이들이 넘쳤던 우리 어렸을 때 환경과는 너무 많은 차이가 난다.

옛날에 아이들이 저절로 자라날 수 있었던 것은 꾸준히 관계를 맺었던 마을 사람들이 있었기 때문이다. 요즘 육아에 대한 걱정을 하는 사람들은 말할 때마다 '아이 하나를 기르는 데 온 마을이 필요하다'는 아프리카 속담을 끌어들이지만, 굳이 아프리카까지 가서 찾을 필요는 없다. 내가 어릴 때까지만 해도 온 마을이 아이를 키웠기 때문이다. 아이 주변에는 늘 친척이나 이웃들이 있었다. 어른들뿐만 아니라 많은 언니, 형들과 어울리며 관심과 기대 속에서 몸과 마음이 건강하게 자랄 수 있었다. 아이는 단지 가족의 한 사람일 뿐만 아니라 한 마을의 구성원으로 태어났으므로, 마을 전체가 함께 아이를 기르는 게 당연했다. 육아에 대한 지식도 밖에서 얻을 필요가 없었다. 마을의 할머니들은 적어도 대여섯 명의 아이들을 기르고, 수십 명의 아이들이 자라는 것을 지켜본 육아의 달인들이었다. 할머니들은 경험이 부족한 엄마들의 든든한 상담자이기도 했다. 손주들의 똥 가리기와 옷 입기, 밥 먹기 등 생활 습관을 잡아 주는 역할도 기꺼이 맡았고, 틈틈이 노래, 놀이, 이야기도 들려주었다. 둘러앉은 할머니들의 무릎 사이에서 만들어지는 따뜻한 육아 동아리는 갓난아기들이 행복하게 자랄 수 있는 든든한 울타리가 되어 주었다. 고모와 큰어머니, 작은어머니, 형과 언니들도 함께 아이들을 보살폈다. 그렇게 어렸을 때부터 동생들을 데리고 다니며 업어 주면 육아 방법은 자연스럽게 터득하기 마련이다. 어렸을 때부터 육아에 참여한 언니와 형이 자라서 엄마, 아빠가 되는 것이므로 이제 막 아기를 갖게 된 젊은 부부도 잉태와 출산, 육아를 두려워하지 않았다. 아이는 마을공동체에서 입고 먹는 것뿐만 아니라 정서적 공감과 사회적 정체성을 포함한 모든 것을 받았다.

하지만 내가 아이를 기르게 된 1990년대에는 그러한 지원을 받을 수 있는 사회문화적 기반이 무너져 있었다. 마을의 할머니들은 70~80대가 대다수였고, 어머니가 혈관성 치매를 앓고 있어 마을 어른들과 어울리기도 어려웠다. 할머니가 아기를 데리고 또래 할머니들과 만들어 가는 따뜻하고 공감적인 육아 동아리가 없다는 게 생각할수록 안타까웠다. 아내가 또래 엄마들과 마을에서 만들 수 있는 육아 지원망도 기대하기 어려웠다. 옛날에는 젊은 엄마들이 함께 밭일을 하거나 우물에서 빨래를 하면서 정보를 나누고 심리적인 지원도 할 수 있었다. 그런데 우리 마을에는 20~30대 젊은 엄마가 세 명밖에 없었고, 각자 다른 직장을 다녀서 유대 관계를 맺기도 어려웠다. 마을이 가진 거대한 문화와 지원망이 무너진 상태에서 엄마의 힘만으로 아이를 기른다는 것은 죽을 만큼 힘든 일이라는 것을 충분히 예측할 수 있었다. 더구나 아내는 우리 마을에 산 지 얼마 되지 않았기에 토박이인 내가 옛날 마을공동체가 제공했던 지원들을 살려 내기 위해서 노력할 수밖에 없었다.

나는 큰아이가 갓난아기 때부터 안고서 마을길을 걸었다. 우리 마을의 느낌과 사람들의 얼굴, 목소리를 자연스럽게 만나게 하기 위해서였다. 놀이 역시 우리 전통적인 자원에서 찾으려 노력했다. 그래서 자장가와 짝짜꿍, 들강달강 등 우리 아기 어르는 소리뿐만 아니라 아이들 놀이와 관련된 것을 배우려고 마을 할아버지, 할머니들을 찾아갔다. 청주 일대뿐만 아니라 음성, 충주, 단양까지 찾아 다녔고, MBC민요대전 '우리의 소리를 찾아서'에서 전국의 할머니, 할아버지들이 부르는 노래놀이도 들어 보았다. 배울 때는 노랫말과 장단뿐만 아니라 표정과 호흡, 분위기 연출 능력을 그대로 흉내 내려고 노력했다. 좀 더 자라서는 아이들 손을 잡고 한 달에 두세 번씩은 꼭 마을 뒷산으로 나들이를 했다. 그런데 내가 어떤 노력을 기울이더라도 해 줄 수 없는 것이 있었다.

할머니, 할아버지들은 많았지만 젊은 사람들이 없는 것, 무엇보다도 또래나 위아래 형과 동생이 없는 것은 절대로 채워 줄 수 없었다. "○○야, 놀자!" 하면서 불러내는 힘, 내가 문밖을 나가면 언제든 놀이 세계가 펼쳐져 있고, 그들이 나를 환대할 것이라는 자부심과 정체성이야말로 아이들을 행복의 세계로 이끌 수 있는 진정한 힘이었다. 나는 아이를 기르면서 비로소 이것을 깨달을 수 있었다. 요즘 부모들이 옛날보다 훨씬 더 잘 살고 학력이 높아졌어도 자식과 관계 맺기에 실패하면서 자괴감에 빠지는 것은 단지 부모가 무능한 탓이 아니다. 아이를 함께 기를 수 있는 관계망이 무너진 뒤에 아이들을 유혹하는 미디어와 상품들의 자극을 부모들이 이겨낼 수 없기 때문이다. 이를 깨달으면서 한 아이가 마을 전체의 지원을 받으면서 성장할 수 있는 조건을 다시 만들어 내는 것이 내 꿈이 되었다.

마을이 함께 아이를 기른다는 것은 무엇일까. 내 경험에 따르면 그것은 마을 사람들 모두가 아이를 알고 있고, 그 아이들이 마을의 모든 연령대의 사람들과 꾸준한 관계를 맺는 것이다. 내가 태어났고, 지금도 살고 있는 마을은 마흔다섯 집 정도 규모였기 때문에 이것이 가능했다. 지금도 그러한 육아에 대한 관심과 지원이 있으면 살려 내기 어렵지 않을 것이다. 다만 마을에 아이들이 거의 없어서 어느 정도 규모의 동아리를 이루려면 한 면 단위의 지원이 필요할 것이다. 요즘에는 대부분의 아이들이 도시에 살고 있고, 한 동의 인구가 수만 명에 달한다. 이러한 조건에서 어른들과 아이들이 폭넓은 관계를 맺으면서 성장할 수 있는 조건을 만들어 내는 것, 그것이 나의 꿈이다.

## 학교를 중심으로 마을 아이들 관계 되살리기 – 유·초 연계

요즘 마을공동체운동에 대한 강연을 많이 다닌다. 그때 청중에게 꼭 물어보는 게 있다. 어렸을 때 마을에서 가장 인상적인 장소와 장면이 어디였나. 놀랍게도 많은 사람들의 대답이 거의 같았다. 가장 인상적인 장소는 친구들과 어울려 놀던 곳이고, 가장 인상적인 장면은 놀이 상황이었다. 놀이가 친구와 마을 사람들과 함께 어울리면서 관계를 만드는 접착제임을 잘 보여 주는 것이다.

우리 문화에서 한 사람이 자라면서 만나는 놀이는 어떤 단계를 거쳤을까. 갓난아기 때는 어른들이 놀이 친구였다. 조금 더 자라면 형, 언니, 누나들이 골목에서 놀이할 때 참견하고 기웃거리면서 놀이 세계와 관계를 맺었다. 열 살가량이 되면 또래들과 스스로 규칙을 만들고 바꾸면서 놀았다. 모두가 그렇게 자랐기 때문에 놀이는 노인부터 어린아이까지 모두가 공유하고 전승하는 문화였다. 그래서 농촌에서는 오늘의 노인이 옛날의 아이였고, 지금의 아이가 뒷날의 노인이라는 말이 어색하지 않았다.

옛날에 우리가 잘 놀았던 것은 개인의 능력이 아니라 공동체의 힘이었다. 골목에 가면 항상 놀이하는 언니, 오빠, 형을 볼 수 있었다. 아이들은 언니들이 하는 놀이를 구경하고, 혼자 연습하면서 놀이에 대한 내적 동기를 자연스럽게 만들어 갈 수 있었다. 조금 지나면 깍두기로 참여하면서 언니, 오빠, 형들이 놀이하며 규칙을 만들고 갈등 상황에서 서로 협상하고 조절하는 모습을 온몸으로 받아들였다. 놀이라는 공통 문화 기반을 바탕으로 내가 신나게 놀고, 나의

동생아, 우리 뭐 하고 놀까?

신명이 공통 문화 기반이 지닌 힘을 더 활성화시키는 그 되먹임이 다른 사람들을 받아들이고, 또 자기를 사랑할 수 있는 힘을 길러 주었다. 이러한 모습이 마을마다 골목마다 펼쳐졌으니 깍두기 제도는 참으로 위대한 복지체계이며, 교육제도였다. 다시 말하면 당시의 언니와 형들은 위대한 지도자, 교육자였던 것이다.

이와 달리 요즘에는 언니, 오빠, 형들이 동생들을 놀이 세계로 이끌어 줄 힘이 없다. 그 결과 나타난 것이 일진, 왕따 문화이다. 이러한 문제를 해결하려면 언니와 형들이 놀이로 동생을 이끌어 주고, 자기 세계의 지도자가 될 수 있는 조건을 만들어야 한다. 그러한 조건 만들기는 학교에서 시작하는 것이 바람직하다. 대다수 아이들이 학교를 다니고, 가장 많은 시간을 학교에서 보내기 때문이다. 그러므로 마을에서 아이들의 관계를 이어 가려면 교실공동체를 위한 노력뿐만 아니라 학급을 넘어서, 학년을 넘어서, 학교를 넘어서 마을에서 관계를 맺을 수 있는 사회적 기획이 중요하다.

나는 그러한 기획을 하는 데 아주 유리한 조건에 있었다. 전국에 있는 교사들과 함께 공부하고 실천하는 '평화샘'이라는 모임이 있기 때문이다. 평화샘은 종합적인 모임이다. 배움길(교육과정) 연구뿐만 아니라 나들이를 매개로 한 생태교육, 마을 나들이, 마을 역사 기행 등 마을을 바탕으로 배움을 통합하는 것이 활동의 중심이다. 평화샘 선생들은 놀이, 특히 전래놀이를 바탕으로 생활지도와 수업을 진행한다. 5, 6학년 아이들이 운동장에서 놀이를 하면 저학년 동생들이 모여들어서 관심을 보이고 하고 싶어 하기 마련이다. 그래서 평화샘 교사들은 저학년과 고학년이 함께 놀이와 나들이를 하는 연계 활동을 진행한다. 저학년 선생들이 아이들 하나하나를 챙기기 어려울 때, 선배들이 한 명씩 손을 잡고 놀이를 하고 나들이를 하는 것은 교사들에게는 새로운 세상이었다. 5, 6학년 교사들은 말썽을 부리던 아이가 동생들을 잘 이끌고 친절하게 대하는 것을 보면서 아이들의 새로운 모습을 발견하게 되었다. 1, 2학년 교사들은 한숨을 돌릴 수 있는 편안함을 얻게 되었다. 또 교사가 시도해도 잘 안 되던 것이 선배들이 할 때는 아주 쉽게, 그것도 교사가 상상할 수 없는 속도로 반응하는 것을 보면서, 평등한 관계 맺기를 배우고 사회적 관계가 배움에 어떤 촉진제가 되는지 깨달을 수 있었다. 아이들과의 관계에서 선배들은 마치 보살피는 능력을 타고난 듯이 행동했고, 동생들은 선배들과의 만남이 자기가 태어나서 가장 기쁘고 행복한 날이라고 말했다. 이렇게 학년 연계를 이루어 낸 교사들은 유·초 연계 교육도 쉽게 시도할 수 있었다. 평화샘에는 소수이기는 하지만 유치원 교사들도 있어서 유·초 연계 교육을 진행하면서 일어나는 여러 가지 문제들을 미리 논의하고 정리할 수 있었다.

우리는 유치원 교사들 대부분이 유·초 연계 교육을 쉽게 받아들일 것이라고 생각했다. 현재 유치원 누리과정은 하루에 한 시간씩 바깥나들이와 놀이를 하게 되어 있다. 한 교사가 수십 명의 아이들을 데리고 놀이와 나들이를 한다는 것은 쉽지 않은 일이다. 따라서 초등학교 아이들이 유치원 아이들을 데리고 놀이와 나들이를 한다면 유치원 선생들에게 가장 필요한 도움이 될 것이고, 그러한 도움

속에서 유·초 연계가 쉽게 이루어질 것이라고 판단했던 것이다.

처음에는 한 교사가 병설유치원과 연계하는 형태로 진행했다. 다행히 초등학교 고학년들은 유치원 아이들과 어울리는 것을 훨씬 더 좋아했다. 초등학교 1, 2학년 아이들을 대할 때보다 유치원 동생들을 대할 때 고학년들의 적극성과 인내성, 자발성이 훨씬 더 두드러졌다.

평화샘 안에서 그러한 자신감이 생기면서 학교 단위로 진행해 보자는 논의가 있었다. 한 학급 단위의 실천으로는 유·초 연계가 마을 전체로, 더 나아가 사회적인 기획으로 확장되기 어려웠기 때문이다. 또한 학교 단위로 진행하다 보니 평화샘 소속이 아닌 교사들도 참여했다. 그 교사들이 모두 함께 성장하는 모습을 보여 주면서, 유·초 연계는 평화샘 선생이니까 가능하다는 선입견이 극복되었다. 그 과정에서 유·초 연계는 유치원에만 좋은 것이 아니라 오히려 초등학교에 더 도움이 된다는 인식이 생겨났다. 유·초 연계를 경험한 유치원생들은 충주남산초등학교와 청주한솔초등학교에 입학한 뒤 아이들끼리의 놀이 문화와 문제 해결을 주도하는 모습을 보여 주었다. 이로써 아이들 생활 지도에서 새로운 가능성이 열렸다.

2018년에는 충주에 있는 남산초등학교와 청주에 있는 한솔초등학교의 유·초 연계가 새로운 단계로 발전했다. 공립병설유치원과 단설유치원뿐만 아니라 마을에 있는 사립 유치원이나 어린이집과도 유·초 연계 교육을 진행했다. 특히 한솔초에서는 1학년 부장선생을 마을에서 유·초 연계를 진행할 담당자로 뽑았다. 1학년 부장 선생은 마을에 있는 유치원을 직접 방문하면서 사업을 제안했고, 예상대로 유치원의 반응은 아주 뜨거웠다. 원래는 두 번 진행하려고 했던 워크숍이 유치원 교사들의 자발적인 요구에 의해서 매달 열릴 정도였다.

유치원과 초등학교 아이들 모두 서로 찾아오는 날을 손꼽아 기다렸고, 유치원에서는 평상시에 안 오거나 늦게 오는 아이가 누구보다도 일찍 와 언니와 형들을 기다려서 교사들을 놀라게 했다. 무엇보다 감동적인 것은 마을에서의 만남이었다. 나들이할 때 만나도 그저 스쳐 지나가던 사람들이 이제는 반갑게 인사하는 사이로 변했다. 그리고 만나는 그 자리가 아이들끼리 즐거운 만남의 광장이 되었고, 놀이터가 되었다.

수업에서도 의미 있는 상호작용이 있었다. 5, 6학년 아이들이 1, 2학년 아이들에게 한글과 수학을 가르쳐 주었는데, 교사가 가르칠 때보다 훨씬 더 자발적이고 적극적으로 배웠다. 요즘 뇌 과학에서 또래 관계를 활용한 학습이 작업 기억을 활성화시켜 학습능력을 높인다는 연구 결과가 있는데, 이를 잘 보여 주는 사례이다.

놀이와 나들이를 할 때도 5, 6학년쯤 되면 심드렁해하는 아이들이 있다. 그런데 동생들과 함께 놀이와 나들이를 하면서부터는 동생들에게 가르쳐 주기 위해 적극적으로 탐색하고 참여하는 경우가 많았다. 동생들도 형이나 누나, 오빠와 함께 하는 놀이와 나들이를 교사와 할 때보다 더 좋아했고, 적극적으로 탐색하고 몰입했다.

부모들의 반응도 좋았다. 초등학교 부모들은 누가 이렇게 멋진 생각을 했느냐고 놀라워했다. 아이들이 동생들을 돌보면서 몇 년 더 성숙한 모습을 보였기 때문이다. 동생들을 대할 때 보이는 애틋하고 공감하는 모습에 부모들이 감동했던 것이다. 유치원 부모들의 반응은 더 좋았다. 그렇지 않아도 초등학교에 보내는 것이 걱정스러웠는데, 이렇게 하면 안심이 된다는 반응이었다. 유·초 연계를 경험한 아이들이 언제 유치원을 졸업하고 학교에 가느냐고 졸라 대는 바람에 새 학기 증후군에 대한 두려움이 사라진 것이다. 심지어 어떤 부모는 한솔초등학교에 보내려고 한솔초등학교와 연계 활동을 하는 유치원으로 옮기기도 했다.

2018년에는 병설유치원 교사가 초등학교에 제안해서 유·초 연계가 진행된 사례도 있었다. 권옥화 선생의 사례인데, 그 초등학교는 평화샘 모임을 하는 교사가 없는데도 잘 진행되었으니 모든 교사들이 계기와 조건만 주어지면 유·초 연계를 할 수 있다는 가능성을 보여 준 쾌거였다. 병설유치원을 중심으로 진행할 때의 장점도 잘 드러났다. 일상적인 유·초 연계가 가능한 것이다. 초등학교 아이들이 쉬는 시간이나 점심시간에도 언제든 서로 찾았고, 어울리는 모습은 유·초 연계가 왜 생활적으로 진행되어야 하는지 잘 보여 준다.

현재 한솔초등학교와 남산초등학교는 새로운 연계를 준비 중이다. 유·초 연계뿐만 아니라 중학교와 초등학교, 중학교와 유치원의 연계 교육도 고민하고 있다. 한솔초등학교를 졸업한 중학교 아이들이 초등학교나 유치원에 와서 함께 놀이와 나들이 자원봉사를 하는 것이다. 이미 유·초 연계를 경험한 아이들이 중학교에 올라가기 때문에 프로그램 진행을 위한 준비는 다 된 것이나 마찬가지다. 중학교에 올라가는 아이들도 함께 논의했는데, 아주 좋아하며 한껏 기대를 하고 있다.

이렇게 마을에서 또래문화를 만들어 가는 것은 다음 세대를 준비한다는 의미도 있다. 지금 학교를 다니는 어린 세대들은 우리가 할 수 없고 하려고도 하지 않는 문제들과 직면할 것이다. 에너지 위기, 기후변화, 연금문제, 생물다양성 보존 문제, 4차 산업혁명과 같은 복잡하고 심각한 문제에 대응해야 하는 것이다. 그러려면 전 사회적인 공감과 협력이 필수적이다. 하지만 교실에서는 권력관계로 인한 왕따 문제가 심각해서 같은 반 아이들끼리도 친구라고 생각하지 않는 아이들이 많다. 교실에서 공동체를 복원할 뿐만 아니라 다양한 연령의 아이들이 서로 협력하고 감응하도록 만들어야 아이들이 시대적 과제를 함께 해결하는 동반자가 될 수 있을 것이다. 평화샘이 만들어 가는 유·초 연계 교육은 그러한 동반자 관계를 만드는 데 가장 이상적인 프로그램이라고 생각한다.

유·초 연계 교육에 대한 평화샘의 프로그램을 만들고 나서, 학계의 유·초 연계 교육과 무엇이 다른지 검토해 보았다. 몇 편의 논문과 책들을 살펴보니 먼저 연구 방법에서 차이가 있었다. 평화샘의 연구는 아이들의 실존적·생활적 요구와 교사들의 요구와 필요에서 시작한다. 실천과정에서 교사들의 역할이 중요하기 때문에 교사들의 협동적 연대를 바탕으로 학교 수준의 목표를 세우고 교사들 간의 토론과 실천과정을 공유하는 것을 중요시한다. 특히 유·초 연계 교육은 초등 교사들이 그 필요를 느끼는 것이 중요하고, 초등학교가 유치원에 제안할 때 효과적으로 진행할 수 있기 때문에 이러한 과정을 효과적으로 진행할 수 있는 방법과 논리를 탐색한다.

초등 교사와 유치원 교사, 초등학교 아이들과 유치원 아이들이 꾸준히 상호작용하고, 생활을 공유하면서 관계가 만들어진다면 삶의 모든 것이 좋은 프로그램이 될 수 있다. 형식적인 프로그램이 아니라 좋은 사람과 만나면 어떤 것을 해도 좋고 교육적인 효과가 생겨날 수 있다는, 생활 속 프로그램이 가능해지는 것이다. 그래서 유·초 연계의 당위성을 주장하기보다는, 함께 놀이를 하고 아이들과 관련된 수다를 떨면서 관계 맺기를 시도했다. 실제로 그러한 노력이 프로그램을 성공으로 이끌었다. 이렇게 현실에서 출발해 토론과 대화를 중심으로 문제를 해결하는 과정을 우리는 '현장·대화·실천·확산 모델'이라고 부른다.

이와 달리 기존 프로그램은 교수와 전문가가 중심이 되어서 프로그램을 개발하고, 학교와 교실에 적용하려고 한다. 이러한 모델을 '연구·개발·보급 모델'이라고 한다. 학자들이 중심이 된 연구이기 때문에 교사들이 주체적으로 참여하기도 어렵고, 관계 맺기가 중요하지도 않다.

프로그램 진행에서 가장 중요한 것은 초등 교사와 유치원 교사들이 함께 강의를 듣고 함께 배움길을 연구하는 것이다. 그 뒤로는 유치원 교사들의 일이다. 유치원 아이들이 초등학교에 대한 두려움을 느끼지 않도록 시뮬레이션하는 것이 프로그램의 중심이 된다. 따라서 초등학교와 유치원이 대등하게 협력하는 것이 아니라 유치원의 일방적인 짝사랑이 될 가능성이 높다. 그 결과 유·초 연계는 학술논문에서만 발견할 수 있을 뿐 실제 생활에서는 진행되기가 어렵다는 것이 나의 판단이다. 우리 평화샘 유·초 연계가 학계의 정체된 연구와 실천에 대한 돌파구가 되기를 기대해 본다.

## 도시에서 할아버지, 할머니가 함께 아이들 키우기

내가 우리 집 아이들과 꾸준히 했던 실천이 마을 나들이다. 나들이를 통해 마을의 자연환경에 익숙해지고, 마을 사람들과 친밀한 관계를 맺는 계기를 마련하기 위해서였다. 함께 다니면서 이 집에는 누가 살고, 저 아저씨는 누구이고, 이 우물 주변에는 어떤 사람들이 살았고, 아버지의 친구는 누구였는지 말해 주었다. 다섯 살 무렵에는 아이들과 마을 이야기를 할 수 있었다. 마을에서 기우제를 지내는 이야기, 할아버지랑 소를 팔러 장에 가는 이야기, 아빠가 놀았던 마을 곳곳의 놀이터 이야기를 해 주었다.

요즘 학교의 지리교육에서는 심상지도, 곧 내가 사는 마을에 대한 마음속 지도를 가지는 것이 중요하다고 강조한다. 그것을 위해 가장 좋은 게 자기가 사는 마을을 걸어 다니면서 다양한 참여의 경험을 해 보는 것이다. 자기가 애착을 느끼는 장소에 대한 마음속 지도를 지니게 되면, 자기가 경험했던 사건과 사람, 정서와 이야기가 하나로 묶이기 때문이다.

나들이할 때 아이들이 가장 좋아했던 것은 자기에게 관심을 보이는 친구와 형들을 만나서 함께 어울려 노는 것이었다. 세 살이 넘어서면서 마을을 쏘다니다 새로운 사물과 사건을 발견하는 것이 신나는 놀이가 되었다. 그 과정에서 일어나는 모든 것들, 곧 눈 감고 다니기, 목표를 정하고 달리기, 친구와 함께 달리기, 어른들 만나서 인사하기 등 모든 활동이 우정과 환대의 문화를 바탕으로 피어난 놀이꽃이었다. 또 그러한 일들 못지않게 좋아한 것이 할머니, 할아버지들을 만나는 것이었다.

"그놈 아빠를 꼭 닮았네."

"야, 많이 컸다. 언제 이렇게 컸어?"

"둘째는 엄마를 꼭 닮았네. 어쩜 이렇게 예쁘게 생겼나?"

마을 어른들이 이렇게 추어주는 말을 들으면 아이의 기분이 부풀어 올랐다. 환한 얼굴, 기대에 찬 눈빛, 세상을 다 가진 것 같은 느낌들이 거기 있었다. 그런 말을 들을 때마다 아이들의 몸과 마음이 쑥쑥 자라는 느낌이었다. 마을 경험 가운데 아이들 마음속에 가장 깊이 새겨진 것은 친구들과 놀이하는 것, 그리고 할머니, 할아버지들이 아이들을 따뜻한 눈으로 바라보면서 추어주는 말임을 아이들의 표정과 이야기 속에서 확인할 수 있었다.

이러한 마을 환경을 오늘에 되살릴 수 있을까? 그것도 도시에서 말이다. 이것이 마을이 함께 아이를 기르는 나의 꿈에서 가장 풀기 어려운 과제였다. 그런데 전혀 생각하지 않았던 곳에서 물꼬가 트였다. 연구소가 자리 잡고 있는 수곡동에서였다. 수곡동은 마을공동체 운동이 활발한 곳이다. 다만 요즘 마을 만들기 운동을 한다는 다른 마을들과 결이 조금 다르다. 마을에 있는 학교와 교사가 공동체 활동의 중심이기 때문이다. 그래서 공동체운동도 자기보호아동을 조사하고 지원하는 문제, 왕따당하는 아이들이나 가출한 아이들을 어떻게 함께 찾을 것인가, 도움이 필요한 아이들을 어떻게 도와줄 것인가, 단오나 대보름 때 학교 운동장에서 놀이를 어떻게 할 것인가를 중심으로 펼쳐진다. 다른 마을 사람들이 특히 부러워하는 것이 대보름날 학교 운동장에서 하는 쥐불놀이다. 이러한 다양한 마을 활동을 실행하기 위해 '건강한마을만들기수곡동주민네트워크'가 구성되었다. 네트워크에는 주민센터부터 지역아동센터, 학교, 정신보건센터 등 아이들을 지원할 수 있는 많은 단체들이 참여하고 있다. 그 가운데는 사회공공영역 노인일자리 창출 사업을 펼치는 청주서원시니어클럽도 있다. 청주서원시니어클럽에서는 어르신들의 자부심을 높이면서 다른 단체들처럼 마을 아이들을 돕기 위한 사업을 고민하다가 할머니들이 유치원에 가서 함께 아이들을 돌보는 '도담도담' 사업을 진행하였다. 청주서원시니어클럽 원장의 말이다.

원래 아이는 마을에서 같이 키운다고 하는데, 요즘 도시에서는 그렇지 못하잖아요. 주변을 살펴보면 조손 가정도 많긴 하지만, 많은 아이들이 할머니, 할아버지의 사랑을 모르고 자라잖아요. 그래서 우리 어르신들이 경험도 많고 잘할 수 있는 것들 중 하나가 아이들을 돌보고 키우는 것이라는 생각을 하게 됐어요.

클럽에서는 등록된 어르신들을 대상으로 소정의 교육을 실시한 다음, 할머니 한 분이 하루에 3시간씩 격일로 어린이집에 가서 아이를 돌본다. 한 달에 열흘 총 30시간을 돌보는데, 규모가 큰 어린이집은 4명, 규모가 작은 어린이집은 2명 또는 3명이 간다. 관련자들의 말을 들어 보면 이 사업의 성과가 얼마나 좋은지 알 수 있다.

(할머니들이) 도움이 많이 되지요. 처음에는 어르신들이라 어색하고 신경 쓰였지만, 조금 지나니까 괜찮아졌어요. 할머니들이 계셔서 아주 편해졌거든요. 나들이를 가거나 프로그램을 하려면 애들 챙기랴, 우는 애 달래랴 정신이 없었는데 할머니들이 오시고 한결 여유가 생겼어요. 할머니들은 애들을 달래고 돌보는 거 정말 잘하세요. 짜증도 안 내셔서 같이 있으면 배우는 것이 정말 많아요. 애들도 걱정하고 바둥거리다가도 할머니들이 오시면 안정이 되고 여유를 찾아요. 안심, 편안, 안정감 같은 것이 있어요.

— 어린이집 교사

교사들 보조하면서 그냥 같이 돌보죠. 이것저것 다 해요. 놀아도 주고, 바깥나들이도 나가고, 간식 먹이는 거 도와주고, 낮잠 시간에 잠재우는 것도 하지요. 아기들이 놀다가 어질러 놓은 거 청소도 하고, 아이들 보는 게 다 그렇지 뭐. 선생들이 수업할 때는 지켜보면서 혼자 떨어져 무엇을 할지 몰라 하거나 딴짓하는 아가들 달래고 챙기는 것도 해요. 나는 아가들이랑 손잡고 나들이 나갈 때가 제일 좋아요. 아가들도 좋아하고 아가들이 예쁘지. 마냥 예뻐. 그냥 보고만 있어도 흐뭇해. 우리가 그냥 좋지. 아가들 있는 여기 올 수 있는 게 좋아. 아가들과 있으면 모든 시름과 걱정이 없어요. 외롭지도 않고. 그래서 아가들 보는 것이 여러 일 가운데서도 제일 좋아요.

– 할머니 선생님

할머니들이 오시고서 좀 더 화목해지고, 푸근해지는 느낌이 들어요. 가족 같은 분위기가 만들어져요. 아이들이 교사에게 혼날 때가 있는데 그때 아이들이 할머니들을 쳐다봐요. 아이들 눈망울이 얼마나 간절하던지, 마치 할머니 나 좀 도와줘요, 나 좀 구해 줘요 하는 것 같아요. 집에서 아이가 엄마한테 혼날 때 할머니 등 뒤로 숨는 것처럼.

– 어린이집 원장

처음 도담도담 사업을 제안했을 때는 하려고 하는 어린이집이 없어서 제 아이가 다니는 어린이집 원장 선생님을 설득해서 시작했어요. 아마 선생님들이 매일 공개수업을 하는 것 같은 부담으로 느끼셨던 것 같아요. 그런데 막상 시작하니 반응이 엄청 좋았어요. 아이들은 할머니가 안 오시면 다음 날 뛰어가 안기며 "할머니, 왜 안 왔어요. 보고 싶었어요." 하고, 할머니들도 아이들이 눈에 밟힌다며 좋

동생아, 우리 뭐 하고 놀까?

아하셨어요. 선생님들도 할머니가 이것저것 도와주시니 아이들에게 한 번 더 손길을 보낼 수 있어서 좋다고 해요. 그게 입소문이 나서 작년에는 50여 명의 할머니가 참여하셨고, 그것도 모자라 20여 개 어린이집이 대기하고 기다렸어요. 그래서 올해는 늘려서 74명을 배치했는데도 지금 30~40군데 어린이집이 대기하고 있다니까요. 그뿐 아니에요. 예전엔 기관 평가를 하는 주간에는 할머니들한테 나오지 마시라 했어요. 어린이집 평가에 혹 좋지 않은 영향을 줄까 걱정하셨죠. 그런데 지금은 그 평가 기간에 꼭 와 달라고 당부를 하셔요. 전 어르신들이 쓰레기 줍고 교통을 서는 그런 기능적인 것만이 아니라 우리 공동체를 둘러싸 주시며 아이들과 관계 맺고 진짜 사는 느낌을 받으시는 것 같아 저도 정말 뿌듯해요.

- 청주서원시니어클럽 신수진 팀장

마을이 함께 아이를 기른다고 하는데, 요즘 들어서는 아이를 기르는 것이 곧 마을공동체 살리기라는 것을 생생하게 보여 주는 사례이다. 마을활동가들과 도시기획가, 공무원, 교사들이 알아야 할 것은 육아와 교육이야말로 공동체 활동의 꽃이라는 것이다. 이는 아파트에 고립되어 있는 엄마들, 경로당에 고립되어 있는 노인들 모두에게 공동체의 온기를 느끼게 할 수 있는 매체이기도 하다. 이러한 활동을 지원하려면 경로당 옆에 어린이집, 유치원, 갓난아기 놀이방, 놀이터를 만드는 것이 좋다. 도담도담 프로그램에는 할머니들만 참여하고 있는데, 할아버지들의 역할 역시 중요하다. 골목

이야기, 마을 전설, 땅이름 등 마을 공부, 놀이 활동 지원에서 할머니들이 할 수 없는 역할이 있기 때문이다. 지역에 있는 모든 노인들이 함께 아이들을 기르고 청소년부터 노인들까지 모든 세대가 아이들에게 관심을 가지고 돌볼 수 있다면, 그것이 곧 오늘날 도시 속의 참된 마을 살리기가 될 것이기 때문이다.

## 온 마을이 함께 아기를 키우기 위한 조건

1970년 초반까지만 해도 우리 마을에는 지신밟기가 살아 있었다. 지신밟기는 정월 보름날 아침 마을 한가운데서 풍물이 울리면 시작되었다. 온 마을 사람들이 다 나와 풍물패를 따라서 집집마다 돌았는데, 며칠이고 계속 이어졌다. 온 마을 사람들이 모든 집을 다 도는 지신밟기를 하다 보면 서로의 집안사정을 잘 알 수밖에 없다. 마을 사람들끼리 집에 있는 숟가락 숫자까지 안다는 것은 그렇게 서로의 마음과 공간이 열려 있었기에 가능했다.

남자들은 사랑방, 여자들은 안방과 부엌, 빨래터를 세대별 마을 공간으로 삼고 소통했다. 그러다가 정월대보름이 되면 마을의 모든 공간이 열렸고, 마을 제사나 지신밟기를 통해 하나의 마음자리를 가진 공동체임을 확인했다. 이런 마을 문화가 온 마을이 아이를 기를 수 있는 바탕이 되었다.

지금도 옛날 마을처럼 우리의 생활공간이 아이들을 함께 키우는 공적 공간으로 되살아날 수 있을까? 이 책에서 수곡동에 있는 시니

어클럽과 두 초등학교의 경험은 그것이 가능함을 잘 보여 주는 사례이다. 옛날 마을처럼 모두가 서로를 알고 관계를 맺을 수는 없겠지만, 부모와 학교의 노력과 이를 지원하는 지역 및 국가적 지원 시스템을 잘 갖춘다면 불가능한 일이 아니다.

마을에서 아이를 키우려는 꿈은 오늘날에는 교육기관의 협력에서부터 시작하는 것이 바람직하다. 현재 각 교육청에서 추진하는 마을교육공동체운동을 보면 교실을 중심으로 삼지 않는다. 교실에서 만들어지는 교사와 아이, 부모의 관계를 공동체 활동의 초점이라고 보지 않는다. 학교 밖의 전문가나 부모들을 교육시켜 방과후 활동 등에 투입하는 것이 대부분이다. 지역의 공동체적인 토대를 강화시키는 활동이 아니라 학교를 위해 지역사회를 동원하겠다는 것이다. 이런 방법으로는 공동체가 살아날 수 없다. 학교가 공동체를 살리는 데 중요한 역할을 하려면 교실에서부터 좋은 관계 맺기가 시작되어야 한다. 교사들이 마을 속에서 아이들과 관계를 맺을 뿐만 아니라 모든 교사들이 그런 역량을 갖출 수 있도록 학교 단위와 지역 각급 학교 교사들의 정기적인 공동연수와 워크숍이 필요하다. 마을에 대한 연구를 하고, 아이들을 지원하기 위한 각급 학교의 계획을 서로 공유하면서 지원하는 시스템을 만드는 것이다. 마을이 스스로 공동체 활동을 활성화할 수 있는 정책적 지원도 필요하다. 현재 마을공동체운동 지원 프로그램은 공모제 방식으로 진행된다. 얼마 되지 않는 예산으로 공동체 활동을 하는 사람들을 경쟁시키면서 지자체와 교육청이 생색내는 방법에 불과하다. 이와 달리

덴마크에는 자유시간법이라는 것이 있다. 이는 몇몇의 사람들이 어떤 활동을 기획하면 지자체가 공간과 강사, 그리고 경비를 부담하게 되어 있는 법이다. 마을에서 장애, 노인, 아이들 보살핌, 알코올중독자 문제 등을 해결하려는 사람들이 모임을 만들면 무조건 지원해야 하는 법이다. 이러한 방식이 공동체 활동에는 더 잘 맞는 방식이고 이를 위한 사회적 토론과 합의가 필요하다고 생각한다.

중·고등학교 학생들과 대학생들이 갓난아기를 키우는 엄마를 돕기 위해 일주일에 몇 시간씩 자원봉사를 하는 방법도 생각해 볼 수 있다. 물론 그 학생들을 위해서는 영아기 발달단계에 대한 기초교육과 아기 어르는 소리 등 아이를 보살피는 방법을 가르칠 필요가 있을 것이다. 이때 참고할 수 있는 프로그램이 캐나다의 '공감의 뿌리'이다. 이는 갓난아기를 키우는 부모가 한 학급과 1년 동안 관계를 맺고 아이들에게 보살필 수 있는 능력을 키워 주는 프로그램이다. 한 달에 한 번씩 학교를 방문해서 아기의 변화 과정을 보여 주고, 아이들이 안아 보고 놀아 보게 하는 것이 그 속살이다. 평화샘 교사 가운데 한 분도 2017년에 자기 반 아이한테 갓난아기인 동생이 있는 것을 알고서, 부모와 협의해서 3번 정도 프로그램을 진행했다. 그때의 상황을 이렇게 말하고 있다.

아이들이 정말 좋아했어요. 아기가 오는 날이면 아이들의 흥분이 느껴졌어요. 아기를 볼 때 눈에서 꿀이 뚝뚝 떨어지는 것 같았다니까요. 행동도 조심스럽고, 평상시 또래만 있는 상황에서는 절대 볼 수 없는 모습이었죠. 특히 평상시 행동이 조금 거칠고 화가 나면 욱하는 아이가 있었는데, 아기를 얼마나 잘 안아 주는지 저도 친구들도 그 아이를 새롭게 발견할 수 있는 기회가 됐어요.

문제는 제가 아기를 기른 경험이 없어서 어떻게 놀아야 할지 몰라 책을 보고 잼잼이나 곤지곤지 같은 걸 연습했어요. 그럴 때마다 아이들이 주변에 몰려와서 같이 연습을 하더라고요. 특히 동생이 있는 아이들은 저보다 더 감각적으로 아기가 뭘 좋아하는지 알고 있었어요. 세 달 정도 프로그램을 진행했는데, 그 과정에서 아기를 둘러싼 관계가 얼마나 아이의 정서적 공감능력 발달에 도움이 되는지 알게 되었죠.


이러한 모습이 모든 학교, 모든 반에서 진행되고 그 활동이 통합교육의 중심 내용이 된다면, 교사들은 이미 지역사회와 깊숙하게 결합하고 있는 것이나 다름없다. 이런 배움이 가능한 학교가 된다면 주민센터부터 단체, 개인까지 참여하는 마을교육을 위한 설명회 및 토론회를 매년 개최할 수도 있다. 그러한 과정에서 마을을 구성하는 개인과 단체가 서로의 교육적 역할을 찾아갈 수 있다면, 그것이야말로 학교가 할 수 있는 최선의 도움이 될 것이다.

이런 관계 맺기를 위해서 가장 필요한 것이 세대별 마을 공간일 것이다. 현재 마을 만들기 운동에서 공간에 대한 논의의 최대치는 마을 카페이다. 하지만 마을 카페는 이제 막 공동체운동을 시작하려는 사람들의 거점이 될 수는 있어도, 주민들의 공간에 대한 생활적 요구를 실현할 수 있는 것은 아니다. 더구나 현재 마을 만들기 운동을 하는 사람들의 역량은 그러한 카페 하나 만들거나 유지하기도 어려운 것이 현실이다. 따라서 세대별 마을 공간을 만들기 위해서는 일부 활동가가 아니라 주민들의 삶에 꼭 필요한 공동체 공간을 만들어야 한다. 현재 마을마다 경로당이 있는데, 이는 그냥 생겨난 것이 아니라 자신들의 공간 마련 및 운영비 마련을 위한 노인들의 지속적인 정치적 요구의 결과이다.

마을에 경로당뿐만 아니라 아이들을 위한 실내외 놀이방, 남녀 어른들을 위한 각각의 사랑방, 청소년을 위한 공간이 만들어지고 이를 지원하는 체계가 갖추어졌을 때 어떤 일들이 일어날지를 상상해 보자. 요즘 부모들은 자기 집에서 고립된 상태로 아이들을 키운다. 마을의 도움은 생각하지도 못하고 밖으로 나오면 돈이 많이 드는 키즈카페나 놀이공원, 백화점 키즈룸을 활용한다. 개인적인 선택과 소비가 있을 뿐 공동체의 비전이 없는 것이다. 하지만 마을마다 아이들이 놀 수 있는 거실과 조용하게 재울 수 있는 방 몇 개, 간단하게 무엇을 만들어 먹일 수 있는 주방 시설이 있으면 어떨까. 마을에서 상시적으로 지원되는 자원봉사자를 배치하고 엄마, 아빠들에게 쉬거나 바깥일을 처리할 수 있는 시간을 줄 수 있다면, 이런 조건을 활용하지 않는 부모는 없을 것이다. 강연에서 이런 이야기를 하면 부모들은 그야말로 열렬한 호응을 한다. 이는 정책을 위한 대중적 필요가 차고 넘칠 뿐만 아니라 절박함을 보여 주는 것이다.

부모 세대를 위한 사랑방 역시 마을과 학교에 새로운 기회를 제공할 수 있을 것이다. 먼저 마을에서 자리를 잡지 못하고 유흥가를 떠도는 아버지들을 마을 속으로 끌어들일 수 있다. 또한 마을은 온갖 직업을 가진 사람들이 살아가는 곳이므로 요즘 교육계의 중심 주제가 되고 있는 진로교육과 자유학기제, 자유학년제를 마을에서 지원할 수 있는 힘도 생겨날 것이다. 이렇게 볼 때 현재 마을공동체 운동에서 부족한 것은 시민들의 공동체 의식이 아니라 기업과 정부의 잘못된 정책이 공동체를 파괴하고 있다는 사회적 인식의 공유라고 볼 수 있다. 마을 사람들의 필요와 요구는 아이들을 함께 키울 것을, 그것이 현실이 되어야 함을 간절하게 바라고 있기 때문이다.

# 어린 손과
# 더 어린 손의 맞잡음

### 김미자

## 유치원 교사들의 어려움

2016년, 6학급 규모의 작은 학교인 가덕초등학교에 근무할 때의 일이다. 여름방학, 요란한 말매미 소리와 함께 한 통의 전화가 걸려 왔다. 지난 겨울방학 때 평화샘에서 진행하는 '놀이꽃 연수'에 참여했던 유치원 진 선생이다. 전북 지역에서 놀이를 배우고 싶은 유치원 교사들을 모았으니 놀이 연수를 진행해 달라고 했다. 그래서 전북 평화샘 교사들, 마을배움길연구소 문재현 소장님과 함께 연수 장소인 남원의 한 초등학교로 향했다.

　오전에는 전북의 평화샘 교사들이 유치원 교사들과 함께 자신의 놀이 경험을 살려 고무줄놀이를 하고, 비석치기도 하고, 발짝 뛰기도 하며 신나는 놀이마당을 펼쳤다.

　"이렇게 놀아 본 게 얼마 만인지 어린 시절로 돌아간 거 같아요."

"어쩜, 처음엔 아무 생각도 안 났는데 하니까 자꾸 생각이 나요. 몸이 기억하고 있었어요."

놀이를 마치고 들어오는 교사들 얼굴은 땀과 웃음으로 뒤섞였고, 왁자지껄 수다판이 벌어졌다. 점심을 먹고 오후에는 아이들과 함께 할 수 있는 놀이를 배워 보기로 했다. 먼저 유치원에서 놀 때 어려운 점을 나누어 보았다. 가장 먼저 짧은 커트 머리의 40대 여 선생이 이야기를 시작했다.

"누리과정에는 매일 한 시간씩 바깥 놀이와 나들이를 하게 되어 있고 교육청도 굉장히 강조하고 있어요. 근데 유치원 아이들은 매 순간 도움이 필요하잖아요. 겉옷 입히고 단추 끼우고 신발 신고 이 모든 과정에 교사의 손이 필요해요. 교사 혼자 스무 명 또는 그 이상 되는 아이들을 데리고 나간다는 건 정말 감당하기 어려워요."

옆에 앉아 있던 선생이 바로 이야기를 받았다.

"애들 데리고 나갔다가 아이가 넘어져서 이마가 깨진 적이 있거든요. 그랬더니 다음 날 바깥놀이 안 하면 안 되느냐고 부모님께 전화가 왔어요. 그런 부모님들이 이해가 안 되는 건 아니지만, 정말 신경많이 쓰이죠. 그래서 어쩔 수 없이 실내에서 북적대며 씨름을 할 때가 많아요. 정말 딜레마예요."

"맞아요. 아이들이 어리다 보니 부모님들이 안전사고에 훨씬 더 예민해서 초등학교에 항의하는 것보다 더 거칠게 할 때가 많아요. 동료 선생 가운데 상처받고 트라우마가 생긴 경우도 봤어요."

한 분 한 분의 이야기를 들을 때마다 참 안타까웠다. 하긴 세월이 흐를수록 초등학교 1학년을 담임하기가 점점 더 힘들어진다 하는데, 그보다 더 어린 아이들과 함께 생활하는 유치원 교사들은 오죽하랴! 그동안 내가 처한 상황만 힘들다고 생각했지 유치원 교사들의 어려움에 대해서는 깊게 생각하지 못한 것이 정말 미안했다. 그때 문재현 소장님이 교사들을 따뜻한 눈길로 바라보며 말했다.

"한 교사에게 스무 명이 넘는 아이들을 데리고 나가라는 것 자체가 감당할 수 없는 폭력이나 다름없어요. 이 상황에서 선생님들은 내가 세상에서 가장 힘든 사람이라고 느낄 수밖에 없어요. 그러다 보니 선생님이 아이들을 꼼짝 못하게 하거나 긴 줄을 잡고 나들이를 나갈 수밖에 없다는 것을 우리가 이해할 필요가 있어요. 그래서 이 상황을 우리가 함께 나누지 않으면 심각해지는 거죠. 지역사회와 학교가 나누면 통합교육의 기초가 되는 보살핌 배움길이 만들어져요. 초등학교 아이들이 유치원 동생들 손을 잡고 나들이하고 놀이를 함께 한다고 생각해 보세요. 내가 누군가를 도울 수 있다고 생각하면 사람은 무척 성장하게 돼요. 이렇게 보살핌을 교실에서 수업으로 가르치는 것이 아니라 삶 속에서, 생활 속에서, 내가 있는 바로 그 장소에서 상호작용이 이루어질 수 있도록 하면 가장 효과적이거든요. 이런 관계의 통합이 아니고서는 통합교육을 이야기할 수가 없잖아요."

사실 몇 년 전부터 문재현 소장님은 유·초 연계의 중요성을 강조했다. 그때마다 남의 이야기로 흘려들었는데, 오늘 유치원 교사들의 이야기를 들으니 더 마음에 와닿았다. 문득 우리 학교 병설유치원 정 선생의 얼굴이 떠올랐다.

4월 초에 정 선생에게 유·초 연계를 해 보자고 제안했을 때, 아직 애들이 어리니 나중에 같이하면 좋겠다고 했다. 그때는 그저 멋쩍어서 돌아섰는데 한편으로는 서운한 마음도 들었다. 지금 생각하니 서로 친하지도 않은 상태에서 내 생각만 일방적으로 이야기했으니 정 선생 입장에서는 당황스러웠을 것 같다.

여름방학이 끝나자마자 병설유치원 교실을 찾아갔다. 함께 차를 마시면서 여름방학 때 놀이 연수에서 들었던 전북 유치원 교사들의 어려움을 이야기했다. 그리고 지금 어떤 점이 가장 어려우냐고 물었다. 내 말을 들은 정 선생은 환하게 웃으며 말했다.

"이렇게 물어 주시는 선생님은 처음이에요. 우리 학교 유치원은 일곱 살은 두 명뿐이고, 나머지 아홉 명의 아이들은 대부분 다섯 살이어서 맘 편하게 나들이 가기가 쉽지 않아요. 거의 날마다 나들이를 하긴 하지만 줄 세워 운동장을 한 바퀴 도는 정도이고, 늘 조마조마한 마음에 잔소리를 하게 되니 아이들에게 미안해요."

어려운 상황에서도 아이들을 생각하는 마음이 느껴졌다. 이런 상황도 모르고 서운해했던 것이 몹시 미안했다. 그래서 2학년 아이들이 동생들 손을 잡고 같이 놀이도 하고 나들이도 가면 어떻겠느냐고 제안을 했다.

"저야 좋죠. 학교 나들이도 좋고, 또 아이들과 마을 나들이도 꼭 가 보고 싶어요. 선생님이 2학년 아이들 데리고 마을 나들이 가는 걸 보면 정말 부러웠어요."

"그럼 가장 가까운 상검 마을부터 가면 어떨까요? 우리 애들이 늘

동생아, 우리 뭐 하고 놀까?

다니던 곳이거든요."

"좋아요. 샘, 감사해요."

손뼉을 치며 아이처럼 좋아하는 정 선생을 보며 진작 함께했으면 좋았을 걸 하는 생각이 들었다.


## 동생은 형이 생기고, 형은 동생이 생기고

유치원 정 선생과 이야기를 나누고 바로 2학년 아이들에게 제안을 했다. 처음에 아이들은 싫다고 했다.

하지만 유치원 동생들과 선생님의 어려움을 이야기하자 고개를 끄덕였다. 먼저 짝꿍을 정하기 위해 동생들 특성을 하나하나 이야기했다. 얼마 전 베트남에서 온 일곱 살 호준이는 우리말을 전혀 못해서 아이들과의 소통이 걱정이었다. 다행이도 준성이가 유치원 동생이 있어서 호준이를 몇 번 본 적이 있다며 짝꿍을 하겠다고 나섰다. 장난꾸러기 태성이는 힘이 센 규호 형을 좋아한다는 말에 규호가 하기로 했다. 신이 난 아이들은 동생들과 갈 나들이 길을 미리 다녀오자고 제안했다. 비가 오니 다음 날 가자고 했지만 막무가내였다. 우산을 쓰고 나들이 갈 마을을 한 바퀴 돌아본 뒤 할머니들이 계시는 경로당 앞길을 따라 큰길로 가는 게 좋겠다고도 하고 학교로 돌아오는 도로는 위험하니 샛길로 가자는 제안을 하기도 했다. 동생들을 생각하며 어디가 더 안전한 길인지 찾아보고, 동생과 함께 할 때 예상되는 어려움을 나누기도 하는 아이들의 마음이 참 촘촘하고 따뜻했다.

**유치원 동생들과 나들이 길에 만난 할머니**

드디어 동생들과 나들이하는 날, 아이들은 두세 살은 더 성장한 모습을 보였다. 친구들 사이에서 지고는 못사는 규호인데 동생이 배를 때려도 그저 웃기만 했다. 밤나무 아래를 지날 땐 동생들 다친다고 자신도 아홉 살 어린아이인데 서툰 발동작으로 밤송이를 발로 까서 반질반질한 밤톨을 동생들에게 나누어 주기도 했다. 또 친구들과 나들이 길에서 만난 백일홍, 여주, 탱자, 호박 같은 자연 친구들과 마을 공동 우물, 경로당, 정자에 대해 정성껏 이야기해 주었다. 걱정했던 호준이는 처음에는 어색해서 눈도 잘 못 맞추더니 어느새 형이랑 장난도 치고 신나는 모습이었다. 이날 소감을 유치원 정 선생은 이렇

동생아, 우리 뭐 하고 놀까?

게 쪽지로 전했다.

오늘 재미없었다고 한 아이는 한 명도 없었어요. 다음에 또 가고
싶다고도 했고요. 너무 감사했어요. 저 혼자서는 시도도 못 해 볼 일
이었는데 2학년 아이들이 생각보다 친절하게 아이들을 인솔해 줘서
너무나도 고마웠어요. 아이들에게 꼭 좀 전해 주세요. 너희들 덕분에
유치원 선생님이 아주 편하게 나들이 다녀올 수 있었다고요. 다음에
또 데려가 주세요~~^^

나들이를 다녀온 후 호준이의 변화가 놀라웠다. 우리 학교에는 아
이들에게 아주 유명한 비밀 통로가 하나 있다. 학교 담장의 쇠막대
하나가 없어졌는데 덕분에 어른은 겨우겨우, 아이는 손쉽게 드나들
수 있는 통로가 되었다. 하검 마을 쪽에서 오는 아이들은 이리로 통
하면 훨씬 빠르게 학교에 올 수 있기 때문에 교장 선생님이 다니지
말라고 해도 아이들끼리는 '개구멍'이라고 부르며 어른들의 눈을 피
해 드나들었다.

유치원 동생들과 나들이를 하고 보름쯤 지난 어느 날, 다른 날보
다 일찍 학교에 출근해서 나들이를 하며 오랜만에 여유를 부리고 있
을 때였다. 그 '개구멍'에서 쏘옥 얼굴을 내밀다 순간 내 눈과 마주친
작은 눈동자 두 개가 보였다. 호준이었다.

"어! 호준아!"

호준이는 나를 보고는 씨익 웃더니 날쌘 다람쥐처럼 유치원 교실

로 뛰어갔다. 이 이야기를 교실에 들어와 아이들에게 했더니 준성이가 뭔가를 알겠다는 듯 의미심장한 표정으로 말했다.

"음…… 사실은 '개구멍' 제가 가르쳐 줬어요."

"진짜?"

"네. 오늘은 제가 늦잠을 자서 너무 늦으니까 먼저 가라고 했거든요."

"오늘? 그럼, 학교에 매일 같이 와?"

"네! 호준이가 우리 집 마당에서 맨날 기다려요. 그때 같이 나들이하고 놀고 나서는 학교에 같이 왔어요."

준성이의 말을 듣는데 순간 울컥했다. 말은 잘 통하지 않지만 형을 기다리고 그런 동생 손을 잡고 학교에 오는 준성이와 호준이 모습이 그려졌다. 호준이에게는 형이 생겼고 준성이에게는 동생이 하나 더 생긴 셈이다. 아버지의 나라지만 머나먼 타국 땅에서 이보다 따뜻한 환대가 있을 수 있을까? 이렇게 시골 작은 학교에서 경험한 유·초 연계는 짧지만 강렬하게 남았다.


**한솔초에서 다시 만난 유·초 연계**

이듬해인 2017년에는 청주 수곡동에 있는 한솔초등학교로 옮기게 되었다. 전교생이 340여 명이고 16학급 규모의 도심 속 학교이다. 새로운 학교에서는 '유·초 연계'를 좀 더 많은 선생들과 실천해 보고 싶었다. 마침 평화샘을 함께하는 이 선생이 한솔초에 있어서 먼저 이야기를 나누어 보았다. 이 선생은 작년에 2학년 아이들과 함께 병설유치원 아이들을 데리고 나들이를 갔던 이야기를 풀어놓았다.

"정말 인상적인 장면들이 여럿 있었어요. 그 가운데 특수반 현지가 '누나랑 어떤 놀이 하고 싶어?' 하며 다정하게 묻는 거예요. 평소에는 나한테 수시로 매달려 어린아이처럼 행동했거든요. 유치원 동생의 손을 가만히 잡고 '뛰면 아야 해'라고 말하며 조심시키는 모습이 그동안과는 정말 딴판이었어요. 또 상영이라고 조금만 속상해도 목청껏 우는 아이가 있어요. 이 아이가 허리를 굽혀 동생과 눈을 맞추며 '조심해. 여긴 새싹이 있어서 밟으면 안 돼'라고 다정하게 말하더래요. 그러다가 유치원 선생과 눈이 마주치자 '걱정하지 마세요. 저한테 베이비시터 자격증이 있거든요'라며 안심을 시키기도 했대요."

베이비시터 자격증이라는 말에 배꼽을 잡고 웃었다. 유치원 교사와 아이들의 반응도 궁금해서 이 선생에게 물었다.

"유치원 아이들이 2학년 아이들 오는 날을 손꼽아 기다렸다고 해요. 매일 지각하는 유치원 아이가 형이 오는 날이라며 일찍 간다고 해서 엄마가 깜짝 놀랐다고. 그러니 유치원 윤 선생도 말할 것 없이 좋아했지요."

이야기하는 내내 이 선생 얼굴에는 웃음이 가득했다.

"올해 유치원 선생님 안 바뀌셨죠?"

내 질문에 이 선생은 고개를 끄덕였다.

"그럼 올해는 우리가 같이하자고 하면 어떨까요?"

둘이 유치원 윤 선생을 찾아가 이야기했다.

"좋아요! 언제부터 할까요? 두 반이니까 격주로 할까요?"

윤 선생은 정말 좋아하며 바로 다음 주부터 시작하자고 했다. 이 선생이 담임한 2학년, 내가 담임한 4학년이 격주로 유치원 동생들과 놀기로 했다. 그다음에는 우리 반 아이들과 이야기를 했다. 아이들에게 먼저 묻지 않고 제안부터 하고 나니 미안하기도 하고, 아이들의 반응이 걱정스러워 조심스럽게 물었다.

"애들아, 유치원 선생님이 아이들이 많아서 놀이도 나들이도 어려움이 많다고 하시는데 우리가 도울 일이 없을까?"

'우리가 같이 가면 되죠'라는 대답을 기대하며 이야기를 꺼냈건만, 돌아오는 아이들의 대답은 뜻밖이었다.

"없어요. 우리가 그걸 어떻게 도와요?"

어린 동생이 둘이나 있는 상현이의 단호한 대답이 돌아왔다. 아마도 평소 동생에게 시달린 경험이 떠올라 귀찮았던 모양이다. 당황한 내 표정을 보았는지 옆에 있던 정수가 한마디 거들었다.

"우리가 같이 데리고 가면 돼요."

공감적인 연정이도 맞장구를 쳤다.

"맞아요. 나들이도 같이 가고요."

"아하! 우리 동생도 유치원들이랑 놀았다고 했어요. 그거 말하는 거죠?"

2학년에 동생이 있는 명주가 밝게 웃으며 말했다.

"맞아. 지난주에 2학년이 먼저 놀았는데 되게 재미있게 놀았다고 하더라. 그래서 4학년은 더 잘 놀 거라고 말씀드렸어.”

내 말을 듣고는 상현이가 웃으며 장난스러운 표정으로 말했다.

“에이, 왜 그러셨어요?”

솔직한 아이들의 반응이 당황스럽기도 했지만 귀여워 웃음이 나왔다. 그래도 일단 이야기 마당이 펼쳐지니 진지한 대화가 오갔다. 작년 가덕초 2학년 아이들처럼 주로 동생이 없는 친구들이 물었고, 동생이 있는 친구들이 노하우를 전해 주었다. 동생들이 놀기 싫다고 할 때 달래는 방법, 떼를 쓸 때 동생들이랑 대화하는 방법도 이야기하고 동생들이 좋아할 만한 놀이도 정했다. 이야기를 하다 한 아이가 유치원 아이들이 좋아하는 놀이를 먼저 조사해 달라고 요청했다. 생각지도 못했는데 동생들의 요구부터 궁금해하며 눈높이를 맞추려는 아이들의 모습이 반가웠다. 윤 선생에게 부탁하니 유치원 동생들은 ‘비석치기, 실뜨기 그리고 종이접기’를 배우고 싶다고 했다. 그리고 동생들이 지루해할 때 신나게 놀 수 있는 다리세기와 실구대 소리를 연습하고는 드디어 유치원 교실로 향했다. 유치원 현관문을 살짝 열었더니 안에서 동생들이 소곤거리는 목소리는 들리는데 아이들 모습은 보이지 않았다. 조심조심 유치원 교실로 들어서니 문 옆쪽 긴 의자에 두 손을 모으고 나란히 앉아 있는 12명의 아이들이 보였다. 우리 반 아이들은 동생들을 보면서 좋아했지만 꼼짝 않고 앉아 있는 동생들에게 선뜻 다가서지는 못했다. 자연스러운 만남을 기대했던 나도 순간 당황스러웠다. 이 어색함을 풀고자 서둘러 윤 선생과 우리 반 아이들이 미리 정한 대로 동생 두 명과 4학년 세 명을 불러 모았

놀이에 푹 빠진 아이들

다. 모둠을 이룬 아이들은 선배들 손을 잡고 수줍은 듯 따라 나와 여기저기에서 놀기 시작했다.

"너 뭐 하고 놀고 싶어?"

동생들의 생각을 먼저 묻고, 몇몇 아이들은 '쥐야쥐야'를 부르며 다리세기 놀이를 하기도 하고, 남자아이들은 손가마를 만들어 동생들을 태워 주기 시작했다. 그것이 바람이 되어 너도나도 손가마 놀이로 신이 났다. 힘이 센 유치원 건영이는 자기도 형아를 태워 주겠다며 가벼운 연호를 번쩍 들어 웃음바다가 되었다.

"사실은 살짝 걱정이 되었거든요. 근데 4학년 친구들이 정말 잘 데리고 노네요. 제가 할 일이 없어요."

윤 선생이 환한 얼굴로 말했다.

"그렇죠! 그냥 우리도 같이 놀아요."

내 제안에 윤 선생도 비석치기 하는 아이들 틈에 껴서 놀이를 시작했다. 공깃돌 치기를 알려 주기 위해 공기를 손가락으로 튕기는 연습을 시키고 있는 정수와 영현이, 이미 사방치기에 익숙해진 동생들과 대등하게 놀고 있는 준성이와 진영이, '월계화계수수목단금단초단일' 두 줄 고무줄을 신나게 하는 연지와 수연이. 저마다 놀이 삼매경에 빠졌다.

어느새 약속한 시간이 다 되어 둥글게 둘러앉아 소감을 나누었다. 여섯 살 하윤이가 손을 번쩍 들더니 큰 소리로 말했다.

"재미없었어요."

순간 같이 놀았던 여자아이들의 표정이 굳어졌다. 윤 선생이 거꾸로 말하는 친구라고, 재미있어서 그런다고 얼른 위로를 했지만 그다지 위안이 되지 않은 듯했다.

"그럼 다음에 언니들 오지 말까?"

내 물음에 하윤이는 눈을 동그랗게 뜨더니 고개를 잘래잘래 흔들었다. 그제야 우리 반 아이들 표정이 조금 풀리는 듯했다. 다른 동생들은 재미있었다고 또 오라고 한목소리로 말했다. 교실로 돌아와서 우리도 처음 유치원 동생들과 놀았던 소감을 이야기해 보았다.

"애들보다 제가 더 잘 논 거 같아요."

"시간이 많은 것 같긴 한데 놀이를 두 번밖에 못 했어요."

하율이와 고무줄을 했던 수연이가 말했다.

"하율이가 재미없었다고 했을 때 진짜 속상했어요."

"동생들은 에너지가 넘치는데 저희는 방전이에요."

"한 손 실뜨기라고 모르는 것을 동생이 가르쳐 줬어요."

"아인이가 내 이름을 불러 줘서 고마웠어요."

"재미있어서 또 가고 싶어요."

이런저런 이야기꽃을 피우며 다음 만남에 대한 기대를 보였다.


## 내가 학교 다닌 중에 오늘이 최고로 좋았어요

영준이는 다른 친구의 입장을 생각하지 못하고 감정조절이 잘 안 되어 친구들과의 갈등이 많은 아이이다. 영준이가 유치원 동생과 놀았던 첫날이 아직도 생생하다. 처음에 영준이는 모둠 친구들, 동생들과 함께하지 않고 이곳저곳을 기웃거리며 좀처럼 놀이에 참여하지 못했다. 그러다 유치원 기윤이와 공룡 책을 보며 꽤나 진지한 모습이어서 다행이다 생각하고 나는 비석치기를 하는 아이들 틈에 끼어 놀고 있을 때였다.

"야, 멈춰!"

"선생님, 영준이 싸워요!"

다급한 아이들 목소리에 돌아보니 영준이와 일곱 살 기윤이가 서로 머리카락을 움켜쥐고 뒹굴고 있었다. 달려가 둘을 간신히 떼어 놓았는데 분이 풀리지 않는지 서로를 노려보며 거친 숨을 몰아쉬었다.

"영준아, 무슨 일이야?"

"쟤가 먼저 내 배를 때렸다고요!"

그러자 기윤이도 지지 않고 소리쳤다.

"아니에요. 형아가 먼저 발로 찼어요."

두 아이와 주변 아이들의 이야기를 종합해 보니 책에 나오는 힘이 센 육식공룡이 싸우는 놀이를 하다가 거칠어져 그게 진짜 싸움으로 번진 모양이었다. 영준이는 역할극도 거부하고 다시는 유치원에 오지 않겠다며 씩씩거렸다. 그때 구석에서 윤 선생과 이야기를 나누던 기윤이가 영준이에게 다가왔다.

"형아, 미안해."

영준이는 사과하는 동생을 슬쩍 쳐다보더니 그대로 신발을 신고 나가 버렸다. 교실에 가서 영준이와 더 이야기를 해 보았지만 다시는 유치원에 가지 않을 거라고 고집을 피웠다. 그랬던 영준이가 일주일 후 언제 그랬느냐는 듯 놀이바구니를 들고 앞장서서 유치원 교실로 향했다. 유치원에 갈 때마다 영준이가 걱정되긴 했지만 시간이 갈수록 동생들과 자연스럽게 어울려 놀았다. 그리고 여름방학을 앞둔 마지막 만남의 날, 영준이는 친구들과 잘 어울려 놀지 못하던 일곱 살 여자아이에게 한 시간 내내 비석치기를 알려 주었다. 동생이 중간에 비석을 떨어뜨려도 괜찮다고 격려를 하고, 맞추지 못하면 자기가 슬쩍 쓰러뜨려 놓고는 잘했다고 손뼉을 치기도 했다. 한 단계 한 단계 친절하게 설명하는 영준이와 그런 오빠의 이야기를 빠뜨리지 않고 듣고 있다가 실패해도 다시 도전해서 해내는 유치원 동생의 모습을 보는 내내 가슴이 벅차올랐다. 시간이 다 되어 그만 교실로 가자고 하니 영준이가 섭섭한 표정으로 말했다.

"벌써 가요? 한참 재미있었는데."

"시간 가는 줄 모르고 놀았구나?"

내 이야기에 영준이는 고개를 끄덕이더니 활짝 웃는 얼굴로 엄지 척을 하며 말했다.

"내가 학교 다닌 중에 오늘이 최고로 좋았어요."

처음에는 유치원 교사와 동생들을 돕겠다는 마음으로 시작했는데 정작 나와 우리 아이들이 최고의 수혜자였다.


## 유치원 환대의 날

여름방학이 끝나 갈 무렵, 개학 준비를 하려고 학교에 갔더니 교감 선생님과 이 선생, 김 선생, 오 선생이 교무실에 와 있었다. 오랜만에 만나 반갑게 인사를 하고 있는데, 교감 선생님이 걸려온 전화를 받더니 모여 있는 교사들을 보며 말했다.

"○○유치원에서 올해도 우리 학교를 돌아보러 온다네요. 2년 전부터 ○○유치원 아이들이 겨울방학에 아무도 없는 빈 교실을 둘러보고 가는데 난 항상 안쓰럽더라고요. 좀 따뜻할 때 오라고 하면 어떨까요?"

다른 교사들의 표정을 보니 모두 같은 마음인 것 같았다. 그때 이 선생이 반색을 하며 말했다.

"그게 좋을 거 같아요. 제가 작년에 학교 안내를 했었는데 비석을 만지작거리며 '이게 뭐예요?'라고 묻고, 보는 것마다 신기해했어요. 그렇게만 해도 1학년 입학을 앞두고 불안한 마음이 위로가 된다니 좀 짠했어요."

이야기를 들으며 제대로 된 환대의 문화를 만들어 보면 좋겠다는 생각에 제안을 했다.

"아예 가을에 초대해서 형, 누나, 언니 오빠들과 같이 놀이도 하고 학교 안내도 하면 어떨까요?"

1학년 담임인 김 선생이 이 말을 받았다.

"그러면 1학년들을 만날 수 있어서 좋겠어요. 선배들 이야기도 듣고. 1학년들도 좋아할 거예요."

**유치원 환대의 날**

유치원 아이들 입장에서 이야기하다 보니 서로의 마음이 보태져 그 자리에서 바로 계획을 세우기 시작했다.

'유치원 아이들 환대 문화 만들기'는 개학하자마자 하나하나 준비를 해 나갔다. 놀이는 6학년이 맡기로 했다. 이미 유·초 연계를 하고 있는 2학년과 4학년이 하고 싶어 했지만, '중학교 입학을 앞둔 우리가 초등학교 입학을 앞둔 동생들의 마음을 가장 잘 안다'는 6학년 아이들의 이야기에 모두 수긍할 수밖에 없었다. 그래서 6학년이 함께 놀고, 1학년 교실에 가서 선배들의 이야기를 듣기로 했다. 6학년 아이들은 정성껏 이름표를 만들어 놓고, 동생들과 재미있게 할 수 있는 놀이로 달팽이진을 넓게 그려 놓고 자기들끼리 짝을 지어 뛰며 미리 연습도 했다. 동생들과 보물찾기를 하겠다며 주머닛돈을 털어 막대사탕을 준비하는 반도 있었다.

유치원 동생들과 만나는 날, 학급에서는 거친 행동으로 갈등을 일으켰던 아이들이 누구보다 지극정성으로 동생들을 보살폈다. 쥐면 터질까 불면 날아갈까 애지중지 동생들을 업고 안고 달팽이진 놀이와 무궁화 꽃이 피었습니다를 신나게 했다. 동생 손을 잡고 학교 한 바퀴를 돌아보고 나서 1학년 교실로 데려다주었다.

1학년들은 사물함을 열어 교과서를 보여 주고 책을 읽어 주기도 했다. 교실 안 놀이바구니에 있는 놀잇감을 소개하고, 동생들을 보낼 때는 담임교사에게 부탁해서 구슬 한 개씩을 선물로 주었다. 동생들은 그 구슬을 마치 보물처럼 소중하게 주머니에 넣었다. 아이들은 세상을 다 가진 듯 뿌듯한 표정을 지었다.

나중에 ○○ 유치원 선생은, 아이들이 유치원으로 가는 내내 신이 나서 6학년 아이들과 놀이하고 1학년 교실에 갔던 얘기를 하며 한솔초등학교를 떠나는 걸 아쉬워했다는 얘기를 들려주었다. 부모님들도 매우 좋아했고 유치원에 대한 믿음이 더 커진 것 같아 고맙다고도 했다.

유치원 일곱 살 반 아이들과 그 부모님들은 1학년 입학을 앞두고 설레면서도 걱정이 앞선다. 몇 해 전 1학년 담임을 했을 때 입학식 날 한 아이의 엄마가 한 말이 생각났다.

"첫애라 그런지 걱정이 많이 돼요. 아이가 잘 적응할지 불안하기도 하고. 어젯밤 아이도 걱정이 되는지 새벽 1시에 깨서 다시 잠을 재우느라 혼났어요."

초등학교 입학을 앞둔 아이와 부모님들이 이런 마음이라면 우리뿐 아니라 모든 학교에서 유치원 환대의 날을 준비하면 좋겠다는 생각이 들었다.

**나는 원래부터 한솔초에 다니고 싶었어요**

2018년에는 1학년을 맡게 되었다. 지난 한 해 동안 진행한 유·초 연계의 힘을 느끼는 두 가지 계기가 있었다.

하나는 1학년 입학한 지 2주 정도 지나 동학년 교사들과 아이들이 어떻게 놀고 있는지, 어려움은 없는지 이야기를 나누는 자리였다. 이제 4년 차인 20대 원 선생이 먼저 말했다.

"생각보다 잘 노는 거 같아요. 교실 앞쪽에서는 비석치기도 하고, 뒤쪽에서는 사방치기, 여자아이들은 소꿉놀이도 하고 그래요. 그림 그리는 아이도 있고요. 놀 줄 아는 아이들이 서너 명은 있는 거 같아요."

"우리 반도 남자아이들 대부분은 딱지치기에 빠져 있고, 몇몇은 여자아이들과 사방치기도 하고 실뜨기도 하는데……."

이야기를 하다 보니 문득 놀이판을 만드는 아이들이 어느 유치원에서 왔는지 궁금해졌다.

"그 아이들 혹시 병설유치원에서 왔어요?"

"어, 맞아요! 다 병설유치원이에요."

"각 반에 몇 명씩 있어요?"

우리는 누가 먼저랄 것도 없이 명부를 펼쳐서 병설유치원을 졸업한 아이들을 세었다.

"3반은 3명이요."

"2반은 4명!"

"1반도 3명인데, 그러고 보니 병설유치원 아이들이 놀이를 제안하고 놀이판을 만들어 가고 있었네요. 작년에 2학년, 4학년이 격주로 유치원 동생들이랑 놀이를 했거든요. 유·초 연계 차원에서."

두 선생이 깜짝 놀라는 얼굴이었다.

"우와, 대박!"

"우리가 작년 선생님들 덕을 보고 있네요."

작년에는 4학년을 담임하며 동생들을 보살필 줄 아는 아이들로 성장하는 모습에 신이 났는데, 올해는 1학년이 된 아이들이 놀이꾼으로 자라서 놀이꽃을 피우는 모습이 신기하기만 했다.

또 한 가지는 통합시간에 일어났다. 1학년 아이들과 학교를 둘러본 후 내가 다니고 싶은 학교를 그려 보자고 했을 때였다. 아이들은 동물학교, 숲속학교, 꽃학교, 하늘학교, 바다속 학교, 놀이학교 등 맘껏 상상의 날개를 펴며 신나 했다. 작고 여리여리한 희수 차례가 되었다. 희수가 손에 들고 나온 종합장에는 그냥 네모반듯한 건물에 창문을 가득 그려 넣은 그림이 그려져 있었다.

"이건 무슨 학교야?"

내 질문에 희수는 큰 눈을 깜박이며 담담하게 말했다.

"한솔초등학교예요."

뜻밖의 대답에 다시 물었다.

"네가 다니고 싶은 학교야?"

"네, 난 원래부터 한솔초등학교 다니고 싶었어요. 전에 와서 놀고 이미 결정했어요."

또박또박 대답하는 희수를 보니 ○○유치원에서 우리 학교를 방문했던 일이 떠올랐다.

"희수는 어느 유치원 다녔지?"

"○○유치원이요. 그때 와서 형아들이랑 놀았잖아요."

'역시 그랬구나!' 형들과 놀며 학교 나들이를 했던 그 몇 시간이 희수에게는 가장 빛나는 순간으로 기억되었던 모양이다. 희수는 이런 말도 했다.

"전 커서 한솔초등학교 선생님이 될 거예요."

희수에게 한솔초등학교는 가장 다니고 싶고, 커서도 계속 다니고 싶은 '꿈의 학교'가 되었다.

2018년 1학년은 한 학급이 늘어 세 학급이 되었다. 여러 요인이 있겠지만 ○○유치원 아이들의 진학률이 전년도에 비해 세 배나 증가한 것도 사실이다. 2018학년도에는 이런 성과를 바탕으로 업무에도 '유·초 연계'를 넣고, 학교 차원의 유·초 연계 교육 계획-보살핌, 공동체, 안전, 지역 교육 실현-도 세웠다.

요즘 초등학교 1학년 담임교사는 '극한직업'으로 불리고, 교사들 사이에서도 기피하는 학년이다. 갈수록 보살핌이 필요한 아이들이 많아지고 외동으로 자란 아이들이 대다수이다 보니 친구들과의 상호작용이 어렵고 갈등이 많기 때문이다. 그런데 유치원에서부터 놀 줄 알고 자연과 관계 맺을 줄 아는 아이로 성장한 뒤 초등학교에 입학한다면 어떨까? 이런 면에서 유·초 연계는 하면 좋은 것이 아니라 꼭 해야 할 핵심적인 배움길이라는 생각을 하게 되었다.


## 우리 반도 하고 싶어요

'유·초 연계를 희망하는 학급은 아이들과 상의한 후 쪽지로 신청해 주세요.'

이런 내용을 적어서 교내 소통 메신저의 전송 버튼을 누르는 순간, 흥분되고 떨렸다. 얼마나 많은 교사들이 함께한다고 할까?

교사들의 답을 기다리며 지난주에 있었던 7월 교육과정의 날이 떠올랐다. 이날 주제는 '유·초 연계 교육'이었는데, 약속된 시간이 되자 교사들이 속속 도서실에 모여들었다. 동학년이나 친한 교사들과는 자연스럽게 유·초 연계에 대해 이야기했지만, 이렇게 공식적인 자리에서 하려고 하니 조금은 긴장이 되었다. 먼저 작년에 2학년 아이들과 병설유치원 동생들이 놀았던 사례를 이 선생이 들려주었다. 여러 사례들이 그렇듯 이 선생도 처음에 걱정했던 것과 달리 2학년 아이들이 동생들을 너무도 잘 챙겼다면서 교사들은 정말 할 일이 없었다고 했다. 게다가 학급에서는 거친 행동으로 갈등이 끊이지 않았던 친구가 자기 나이보다 한층 더 성장한 모습을 보이게 되었다고 했다. 처음엔 '무슨 내용이지?' 하는 표정으로 듣던 교사들이 이야기 속으로 빨려드는 듯했다. 이 선생 이야기가 끝나고 작년 6학년 담임을 하며 ○○유치원 동생들을 환대했던 경 선생이 그때의 기억을 떠올렸다.

"작년에 6학년 아이들이 유치원 동생들을 생각하며 하나하나 세심하게 준비했던 모습이 참 인상적이었어요. 교실에서는 센 척하는 아이들이 동생들을 업고 안고 다니는 모습을 보며 동학년 선생님들도 다들 놀랐다니까요. 감동이었어요."

경 선생의 이야기를 끝으로 몇몇 교사들의 질문을 받고 자리를 마무리했다. 그때 교사들과 나누었던 이야기가 떠올라 혼자 미소 짓고 있는데 한 통의 답장이 왔다.

'4학년 1반, 하고 싶어요. 아이들도 기대하고 있어요.'

이 메시지가 어찌나 반갑던지. 그 뒤로도 한 학급, 한 학급 늘더니 급기야 열 개 학급이 되었다. 전체 선생들에게 제안하기 전에 미리 계획을 세우고 슬기를 모았던 교사들도 기뻐했다. 그런데 생각보다 많은 반에서 신청이 들어와 한편으론 조금 당황스러웠다. 10개 반이 모두 병설유치원 한 반에 갈 수는 없으니 말이다.

고민 끝에 지역에 있는 사립 유치원과 어린이집으로 확대해서 제안을 하기로 했다. 막상 지역으로 눈을 돌리고 보니 우리 학구에 어떤 유치원과 어린이집이 있는지 파악하는 일부터 해야 했다. 청주시청에 전화를 하니 학구별로 정리된 현황은 없다고 했다. 그래서 수곡동 주민이기도 하고 한솔초에 가장 오래 근무한 이 선생과 상의를 하니 인터넷 지도에서 같이 찾아보자고 했다. 인터넷 검색창에 '수곡동 어린이집'이라고 치니 지도에 344건의 자료가 표시되는 걸 보고 입이 딱 벌어졌다. 다시 학교 주변을 중심으로 하나하나 정리해서 16개 유치원, 어린이집 정보를 담은 '한솔초 학구 내 유치원, 어린이집 현황' 자료를 만들었다. 이렇게 많은 유치원, 어린이집 가운데 어떤 기준을 가지고 선정해야 할까. 막막해하며 고민만 하다가 또 몇 주가 흘러갔다. 그러다 이 일은 뜻밖의 기회를 통해 해결이 되었다. 유·초 연계를 하고 싶다고 신청한 10개 학급 중 3개 반은 1학년이었고, 자신이 졸업한 어린이집에 가 보고 싶다고 의견을 낸 것이다. 그래서 1학년 아이들이 졸업한 유치원을 조사해 보았더니 총 19개의 유치원과 어린이집이 나왔다. 19개를 모두 할 수는 없어서 그 가운데 아이들이 많이 졸업한 순으로 뽑아 수림유치원, 산남어린이집, 큰빛어린이집, 병

동생아, 우리 뭐 하고 놀까?

설유치원, 예담어린이집 이렇게 5개의 유치원과 어린이집으로 좁혀졌다. 아이들의 의견을 들으면 손쉬웠을 텐데 괜히 혼자 고민하며 미련을 떨었다. 바로 유치원과 어린이집에 찾아가 유·초 연계를 제안하기로 했다.

## 마을로 퍼져 나가는 유·초 연계

여름방학을 며칠 앞두고 학교 정문에서 횡단보도만 건너면 있는 산남어린이집으로 향했다. 전화로 대략 이야기하고 방문을 하겠다고 하니, 어린이집 원장 선생님의 밝은 목소리가 들렸다.

"저희야 좋죠. 이렇게 초등학교에서 먼저 와서 제안해 주시니 너무 고마워요. 그럼 내일 뵐게요."

흔쾌하게 제안을 받아 주니 더없이 고마웠다. 더 자세한 이야기를 나누기 위해 어린이집으로 향하는 발걸음이 가볍기만 했다. 도착해 벨을 누르니 앞치마를 두른 유치원 교사가 생글생글 웃으며 원장실로 안내해 주었다. 원장 선생님은 환한 얼굴로 어서 오라며 나를 반겼다. 작년에 한솔초에 방문했던 ○○유치원 이야기를 듣고 원장 선생님이 말했다.

"일곱 살 반 아이들이 초등학교 입학하기 전에 낯선 환경에 익숙해지도록 초등학교를 방문하는 유·초 연계 프로그램은 많이들 하고 있어요. 저희는 가 보지도 않고 그냥 홈페이지나 지도로 보며 '여기가 너희들이 다닐 학교야.' 하고 말로만 했는데 후회도 되고 부럽기도 하네요."

무엇보다 인상적이었던 것은 이 어린이집을 나온 아이들 이야기
가 나왔을 때였다.

"혹시 여진이가 어느 반이지요? 여진이 잘 지내나요?"

"어, 우리 반이에요. 발음이 부정확해서 처음에는 친구들과 어울
려 놀기 어려워했는데 지금은 놀이도 하고 많이 밝아졌어요."

"정말 다행이에요. 졸업시켜 놓고도 더 마음이 쓰이는 아이들이
있는데 여진이가 그래요."

원장 선생님의 눈가가 촉촉해지는 듯했다. 정말 아이들을 사랑하
고 애틋해하는 마음이 느껴졌다. 진즉에 찾아와 이야기를 나누었으
면 아이들에 대해 더 빨리 공유하고 유·초 교사들이 협력할 수 있는
고리가 생겼을 텐데 하는 아쉬움도 들었다. 미루고 미루다 한 학기를
다 보내고 나서야 찾아 나선 내 게으름이 반성되고 유치원과 아이들
에게 미안하기도 했다.

다른 유치원, 어린이집은 함께 평화샘을 하고 있는 이 선생과 같
이 방문하였다. 산남어린이집은 혼자 갔는데 이 선생과 함께 가니 마
음이 정말 든든했다. 뭔가 일이 잘될 것 같은 기대도 생겼다. 이렇게
여름방학 동안 4개의 유치원, 어린이집을 방문해서 제안을 했고, 개
학하고 9월이 되자마자 시작하기로 했다. 우리는 유·초 연계를 준비
하기 위한 지역 유치원, 초등학교 교사 워크숍을 진행하기로 일정을
잡았다.

## 마을 유치원 교사들과의 만남

드디어 8월 28일 화요일 6시, 한솔초 첨단교실에서는 '유·초 연계를 위한 지역 교사 워크숍'이 열렸다.

"2월에 유·초 연계를 한다는 계획이 있기는 하지만 이론으로만 있었지, 이렇게 실제로 한다는 생각을 못했는데, 누가 이런 기막힌 생각을 했어요?"

이때 참석한 한 유치원 교사가 한 이야기이다. 한솔초 주변에 있는 4개 어린이집, 유치원 교사와 원장님, 병설유치원 교사, 유·초 연계에 관심이 있는 한솔초 교사, 이렇게 다 모여 20여 명이 한자리에 모였다. 충주에서 폭우를 뚫고 남산초 임오규, 용산초 윤재화, 금릉초 병설유치원 권옥화 선생이 먼 길 마다하지 않고 와 주었다. 유·초

유·초 연계를 위한 지역 교사 워크숍

연계 사례를 나누어 주기 위해서였다. 이웃 학교인 수곡초 서 선생도 참석했다. 내년에는 수곡초도 함께해서 수곡동 차원에서 연계가 가능하지 않을까 내심 기대가 되었다. 모두 23명의 교사들이 둘러앉았다. 처음이라 조금 어색하기도 했지만 준비한 간식을 나누어 먹으며 인사를 시작하니 유치원 선생들의 생기발랄한 인사말에 웃음이 끊이지 않았다. 먼저 임 선생이 작년에 남산초에서 남산유치원과 1년 동안 놀이와 나들이로 유·초 연계를 한 아이들의 성장 이야기를 들려주었다.

"12월에 5학년 아이들에게 1년 동안의 유·초 연계를 마무리하면서 무엇을 배웠느냐고 물었어요. 많은 아이들이 '인내심'이라고 대답했어요. 교실에서는 정말 저를 힘들게 하던 아이가 유치원 동생들에게는 참고 기다리고, 어디를 가든 쫓아다니며 힘들어하면 업어 주고, 안아 주었어요. '너 뭐 하고 놀고 싶어?', '나들이 어디로 갈래?' 하고 물으며 동생들 눈높이에서 놀이하고 나들이하는 모습은 그 자체로 감동이었어요."

또 유치원과 초등 교사들이 서로 친해지니, 무슨 일이든 협력이 잘되어 행복한 한 해를 보냈다는 권 선생의 말에도 모두가 공감하며 고개를 끄덕였다. 처음 어색했던 분위기는 어느새 사라지고 서로 궁금한 것을 물으며 이야기꽃을 피웠다.

전체적으로 모이는 시간이 끝나고, 서로 연계를 맺을 유치원과 초등학교 교사가 함께 모둠을 만들어 구체적인 이야기를 나누었다. 우리 학교 선생들과는 워크숍 전에 미리 어느 유치원과 연계할지를 의논했었다. 가장 먼저 신규 교사인 하 선생이 고르도록 했는데, 반 아이들과 가 본 적이 있는 새텃말 예담어린이집을 선택했다. 나이가 어린 4학년은 학교와 거리가 가까운 산남어린이집과 병설유치원을 맡기로 했고, 경력이 짧은 원 선생도 4학년 김 선생과 병설유치원을 번갈아 가며 가기로 했다. 6학년 두 반은 수림유치원 두 개 반을, 5학년이 선생 반은 큰빛어린이집을 맡기로 했다.

각 유치원의 일곱 살 반 담임교사와 원장 선생님, 그리고 한솔초에서 연계하기로 한 학급 담임교사가 모둠을 이루어 이야기를 나누었다. 유치원을 졸업한 아이들의 안부를 묻고, 첫 발령 후에 맡았던 아이들이 보고 싶다며 눈물을 보이는 교사 모습에 함께 울컥하기도 했다. 그 가운데 큰빛어린이집 원장 선생님의 이야기가 정말 인상적이었다.

"제가 마치 지역사회의 일원이 된 것 같아요. 아이들이 초등학교에 입학하면 너무 다른 환경이잖아요. 그럼 부모님들인 힘든 것을 초등학교에는 얘기를 못하고 유치원 교사들한테 하소연을 해요. 저희는 의무교육이고, 참을 수밖에 없다고 얘기를 할 수밖에 없었어요. 근데 앞으로는 꼭 그 아이와 관련된 담임교사가 아니어도 이렇게 알고 있는 선생님이 있으니까 연락하고 나눌 수 있을 거 같아요."

한 번의 만남에서 지역의 유치원과 초등학교 교사들이 함께 만들어 가는 사회적 안전망과 지지망이 엮여진 것 같았다.

4~6학년은 유치원 일곱 살 반과 연계해서 놀이와 나들이를 추진하기로 하고, 1학년은 자기가 졸업한 유치원에 마을 나들이를 가서

동생들과 놀이하는 계획을 들려주니, 다들 아주 좋아했다. 독일에서는 초등학교 1학년들이 방과 후에 자기들이 다녔던 유치원에 가서 별다른 프로그램 없이 논다고 한다. 초등학교에서 유치원까지는 차도를 건너지 않고 갈 수 있는 안전한 길이 연결되어 있다는 사실은 정말 부러웠다. 그러니 1학년 아이들도 학교생활에 쉽게 적응할 수 있고, 유치원 아이들도 선배들하고 친해지는 과정이 자연스럽게 만들어진다고 한다.

내년에는 3월부터 시작했으면 좋겠다는 이야기가 여기저기에서 들렸다. 교사들이 먼저 친해져야 하고, 아이들과 같이 할 놀이를 배우는 시간이 필요하다는 의견에 모든 교사들이 흔쾌히 동의했다. 이런 모습에서 교사들의 열망을 느낄 수 있었다. 당장 다음 주부터 '교사 놀이 워크숍'을 진행하기로 했다. 유치원 교사 한 분은 다른 동료 교사들과 같이 와도 되느냐고 묻고, 큰빛어린이집 원장 선생님은 '나는 밀어 주는 것밖에 못한다'며 활짝 웃었다.


## 두 선생의 유·초 연계 이야기

### #1 교직 경력 4년 차 원 선생 이야기

유·초 연계에 대해서 처음 아이들과 이야기를 나누었을 때 유치원과 초등학교 아이들의 반응은 사뭇 달랐다. 유치원 친구들은 기대에 가득한 모습이었다.

"언니한테 엘사를 그려 달라고 할 거예요."

"누나, 형들을 만날 생각하니까 진짜 설레요."

"빨리 친해져서 밥도 같이 먹고 싶어요."

반면 1학기 때 한 학기 동안 1학년 친구들과 꾸준히 놀이를 해 온 5학년 아이들은 반응이 없거나 시큰둥했다. 아이들의 반응에 걱정과 실망감을 가득 안은 채 유·초 연계를 시작하기 하루 전날, 유치원 교사에게 미리 받은 유치원 아이들의 사진과 이름을 우리 반 아이들에게 보여 주었다. 아이들은 짝꿍 동생의 사진을 받자 눈을 반짝이기 시작했다.

"선생님, 동생들이 너무 작은 거 같아요."

"진짜 애기 같아요. 같이 잘 놀 수 있을까요?"

자연스럽게 유치원 아이들과 처음에 어떻게 인사를 하고 어떤 놀이를 할지 함께 이야기해 보았다.

드디어 첫 만남. 아이들도 교사도 모두 긴장의 순간이었다. '아이들이 짝꿍 동생을 잘 데려갈 수 있을까?'라는 걱정을 품은 채 아이들끼리의 만남을 숨죽이고 지켜봤다. 처음에는 초등학생들도 유치원 아이들도 머뭇거리며 어색한 침묵의 시간이 흘렀다. 그때 우리 반 은수가 어제 봤던 사진 속 동생 모습을 떠올리며 물었다.

"안녕, 네가 태영이니?"

그러자 옆에 있던 여러 아이들이 동시에 입을 모았다.

"아니야, 얘는 준모야. 태영이는 여기 있어."

자연스럽게 동생들과의 첫 만남을 시작하게 되었다. 아이들이 서로 짝꿍을 찾고 이야기와 놀이를 시작하자 그제야 교사들은 웃음을 띠었다. 평소 교실에서는 보지 못하는 아이들의 새로운 모습에 놀라면서 서로의 아이들에 대해 이야기를 했다. 우리 반 성주는 외동으로 놀이 시간에 친구들과 싸움이 잦은 편이다. 성주가 열심히 쌓은 도미노를 유치원 동생이 무너트렸을 때 성주가 버럭 화내지 않을까 걱정되는 마음으로 지켜봤다. 성주의 반응은 예상과 달랐다.

"만드는 데 5분, 쓰러트리는 데 10초네……. 다시 만들어야지."

이렇게 말하고 웃으면서 유치원 동생과 다시 도미노를 쌓았다. 나와 눈이 마주치자 으쓱거리며 한마디 했다.

"동생은 그럴 수도 있죠, 뭐."

그러고는 다시 놀이에 집중했다. 교실에서 친구들 사이에서는 느끼기 어려운 감정을 동생들과 지내면서 자연스럽게 느끼는구나, 깨닫는 순간이었다.

놀이판이 시작되니 여기저기서 평소 즐겨 하던 놀이를 했다. 무궁화 꽃이 피었습니다, 모래성 만들기, 그림 그리기 등 아이들이 원하는 활동을 자유롭게 했는데 모든 아이들이 웃고 있었다.

첫 번째 만남 후 급식소에서 유치원 교사와 마주쳤는데 무척 반가웠다. 선생님이 웃으며 다가왔다.

"5학년들이 가고 아이들이 너무 아쉽다고 편지도 썼어요. 얼른 다시 만나고 싶대요. 누나들 가고 하루 종일 짝꿍 누나 이야기만 했어요."

다음 만남에 대해서 이야기를 나누다가 같은 급식소를 쓰니 점심 식사를 아이들과 함께 하면 좋겠다는 제안을 했다. 우리 반 아이들이 편식을 많이 해서 유치원 아이들이 영향을 받을까 걱정이 된다고 하니 옆에 있던 유치원 아이가 나를 빤히 처다보며 말했다.

"오빠들 편식 많이 하면 옆에서 우리가 골고루 밥 먹게 지켜볼게요!"

순간 유치원 동생이 채소를 먹지 않는 우리 반 재원이 옆에서 계속 잔소리하는 모습이 상상되어 웃음이 나왔다.

다음 모임 때 유치원 친구들이 직접 쓴 편지를 아이들에게 전해 주었는데, 우리 반 친구가 편지를 소중히 안고 눈을 지그시 감으며 말했다.

"선생님, 저 꼭 동심으로 돌아온 것만 같은 기분이 들어요."

아이가 행복해하며 말하던 모습이 계속 머릿속에 맴돌았다.

**아쉬운 헤어짐**

어린 손과 더 어린 손의 맞잡음

만남 이후 가장 크게 바뀐 것은 아이들의 언어 습관이다. 유치원 아이들과의 놀이 시간에 성원이가 인형을 들고 '픅! 픅!' 때리는 흉내를 냈다. 그 모습을 지켜보던 유치원 여자아이가 그 행동을 똑같이 따라 하는 모습을 본 성원이가 충격을 받은 듯했다.

"선생님, 제가 하는 행동을 동생이 바로 똑같이 따라 해요. 제 친동생 성운이도 똑같이 따라 하면 어쩌죠. 조심해야 할 것 같아요."

이 이야기를 교실에서 전체 토의 시간에 나누었고 아이들은 자발적으로 평소에 언어 습관과 행동을 조심하자라는 결론을 냈다. 유치원 아이들과의 만남으로 아이들이 스스로 깨닫고 변화하는 힘을 지녔다는 것을 배웠다.

### #2 신규 교사 하 선생 이야기

'유·초 연계'가 아이들과 좋은 경험이 될 것이라는 말을 듣고 덜컥 하겠다고 했지만, 막상 아이들에게 1학기 때 1학년 동생들과 놀았던 기억을 떠올려 보자고 했더니, 다행히 아이들이 힘들었지만 아름다운(?) 추억으로 여기는 것 같았다. 이 기세를 몰아 '이번에는 유치원 동생들이랑 어떻게 이야기를 꺼내야 할지 고민스러웠다. 아이들이 하고 싶지 않다고 하면 어쩌나 하는 마음에 조심스럽게 이야기를 시작했다. 우선 놀아 보는 건 어떨까?'라고 질문을 던져 보았다. 그러고선 유치원 동생들의 상황을 간단히 이야기해 주었다.

"일곱 살 동생들은 내년에 초등학교에 입학하는데, 초등학교에 대해 굉장히 궁금해하고 있어. 지금부터 40분 수업, 10분 쉬는 시간을 연습하며 초등학교에 들어갈 준비를 하고 있단다."

아이들은 귀여운 동생들에게 무엇이든 알려 주고 싶어 했다. 다행히 우리 반도 이렇게 해서 유·초 연계에 참여할 수 있게 되었다.

'동생들과의 첫 만남 때 무엇을 할까?', '동생들을 우리가 어떻게 맞이할까?'를 묻자, 다양한 의견이 나왔다.


- 학교를 돌아보며 학교 시설을 소개해 준다.
- 첫날 어색하니까 과자 파티를 하며 친해진다.
- 우리가 수업하는 것을 지켜보게 한다.
- 동생들이 교실에 올라올 수 있으니까 교실 청소를 깨끗이 하자.
- 짝을 랜덤으로 정해서 이름만으로 동생을 찾아보자.


이 외에도 여러 가지 의견이 나왔다. 아이들은 생각보다 동생들 만날 날을 굉장히 기대했다.

동생들과 만남을 하루 앞두고, 평소와 다르게 학교가 끝났는데도 남아 교실을 정돈하는 아이들이 있었다. 그저 봉사하는 친구를 도와주는구나 싶었는데, 알고 보니 내일이 동생들이 오는 날이라서 교실을 깨끗하게 하고 싶었다고 한다. 한참 청소를 하다가 "예담어린이집 어떻게 생겼는지 구경 한번 가 볼까?" 하면서 어울려서 학교를 나섰다.

드디어 유치원 동생들과 만나는 날이 되었다. 사실 첫 만남에 많이 긴장했다. 요새 부쩍 다툼이 잦아진 아이들이 동생들과 잘 놀 수 있을까, 아이들이 돌발행동을 했을 때 어떻게 대처해야 하나 걱정이 되었다. 하지만 아이들은 생각보다 잘 놀았고, 평소와는 다른 의외의 모습들도 보였다.

땀을 뻘뻘 흘리면서 동생이 더울까 봐 열심히 부채질해 주던 아이, 동생이 교실 책상 의자에 앉아 보고 싶다니까 후다닥 가서 자기 자리를 정돈하던 아이, 양보하는 것에 익숙하지 않지만 동생에게는 본인이 가장 재미있어하는 것을 선뜻 양보하던 아이…… 아이들의 새로운 면모를 발견할 수 있었다. 요새 들어 아이들이 '나'만 생각하고 행동하는 것 같아 많은 이야기를 나누곤 했었는데, 동생들을 만나니 자신보다 더 동생들을 챙기는 모습을 발견할 수 있었다. 정신없이 한 시간이 흘렀고, 아이들은 동생들이 탄 유치원 버스가 가는 길을 배웅하며 다음 만남을 약속했다.

동생들과 헤어진 후 평소처럼 수업이 진행되었고, 하루를 마무리하는 하루 닫기 시간이 되었다. 아이들은 평소보다 더 적극적으로 참여했다. 동생들과 함께했던 기억이 나는지 너도나도 친구들에게 이야기하고 싶어 했다. 아이들은 동생이 너무 좋아해 줘서 좋았다고, 여기저기 뛰어다니는 바람에 잡느라고 힘들었지만 동생이 자기를 찾는 모습이 귀여웠다고, 동생이 갑자기 춤을 추고 봐 달라고 해서 살짝 당황스러웠다면서 서로 동생 얘기를 하며 웃었다. 이번 기회를 통해 우리 반 아이들도 어린이집 아이들 못지않게 성장할 것이라는 생각이 들었다.

첫 만남 후 마침 놀이 워크숍에서 어린이집 교사를 만났다. 선생

동생아, 우리 뭐 하고 놀까?

님은 어린이집 친구들 못지않게 부모님들도 유·초 연계에 관심이 많다고 했다. 내년에 당장 초등학교 입학을 앞두고 아이들이 새 환경에 잘 적응할 수 있을지 걱정이 많은데, 유·초 연계로 초등학교 아이들과 함께 놀게 되었다는 이야기를 듣고 기대를 많이 하신다는 얘기도 해 주었다. 아이들은 돌아가서도 같이 놀았던 언니나 오빠 이야기를 하며, 얼른 또 보고 싶어 한다는 이야기도 들었다.

한 번 만났을 뿐인데 아이들이 서로 많이 친해졌나 보다. 나도 긴장하고 아이들을 지켜보느라 바빴는데, 다음에는 어린이집 교사들, 아이들과 다 함께 놀아 보고 싶다. 시행착오도 많이 겪겠지만 이번 기회를 통해 우리 5학년 친구들, 어린이집 친구들, 그리고 나 자신도

**무궁화 꽃이 피었습니다**

어린 손과 더 어린 손의 맞잡음

무럭무럭 성장할 수 있으면 좋겠다!


**놀이로 가까워지는 마을의 유·초 교사들**

9월 12일, 5시. 우리학교 실내 놀이터인 '한솔 놀이터'에 수곡동 유치원, 어린이집 교사들과 우리 학교 교사들까지 모두 20여 명이 모였다. 놀이 워크숍. 첫 번째 워크숍 때 교사들도 함께 놀며 친해지고, 놀이도 배우고 싶다고 해서 하게 된 모임이다. 마침 이날 오전에는 예담어린이집 아이들이 5학년들을 만났다. 자연스럽게 둘러앉아서 예담어린이집 교사의 첫 만남 이야기를 들었다.

"어머님들이 우리 친구들이 초등학생들과 만난다고 엄청 기대하셨어요. 우리 친구들도 오늘만 기다렸거든요. 학교에 처음 왔을 때는 걱정이 됐어요. 데리고 나오면 이것저것 신경 쓸 게 많거든요. 그런데 오늘은 제가 할 일이 없는 거예요. 언니, 오빠들이 너무 잘 챙겨줘서. 정말 고마웠어요. 그래서 우리 어린이집에도 초대하려고요. 우리 친구들이 어린이집까지 걸어오는 내내 언니, 오빠들한테 또 언제 가느냐고, 보고 싶다고 노래를 해서, 찍은 사진으로 영상 만들어서 보여 줬어요. 오후에 부모 모임이 있어서 말씀드렸더니 아주 좋아하셨어요."

할 일이 없었다는 말에 모두 빵 터지며 웃자 예담어린이집 교사는 또 생각났다며 유치원 아이들이 교실에서 엄청 신기해했던 이야기를 했다.

동생아, 우리 뭐 하고 놀까?

"아이들이 교실에 갔는데, 여기저기서 말하는 거예요. 책상이 너무 커요, 의자가 너무 커요. 칠판이 너무 커요. 왜 교실이 다 똑같아요? 교실 못 찾으면 어떻게 해요?"

선생님의 말에 눈이 휘둥그레졌을 귀여운 아이들 모습이 떠올라 모두 웃음을 터뜨렸다. 엄청 크고 똑같은 교실 풍경들, 똑같은 교실들이 낯설었을 아이들의 눈빛을 떠올려 보니 갓 1학년이 된 아이들에게 학교라는 공간이 얼마나 힘들까 생각해 보게 되었다.

"오늘 처음 만났는데 초등학교 빨리 가고 싶다는 애들이 많았어요. 초등학교 언제 가요? 졸업 언제 해요? 이러면서."

한 번의 만남에도 선배들에 대한 믿음, 학교에 대한 믿음이 생기는 마법에 모두 놀랐다. 추석이 지나면 선배들과 과자 파티도 하고 요리도 같이 하자고 했다며 예담어린이집 교사의 이야기는 끝날 줄을 몰랐다. 예담어린이집 동생들과 놀았던 5학년 하 선생도 아이들이 동생 챙기는 모습에 감동했다고 한다.

"정혁이도 외동아들이에요. 그네 타는 걸 좋아해서 1학년 동생과 싸우기도 했어요. 그런데 오늘은 동생과 손잡고 가면서 '우리 애기 그네 타야 한다'는 거예요."

원 선생이 그 장면을 보았다며 상기된 표정으로 말했다.

"제가 거기 있었어요. 정혁이가 동생하고 오더니 '우리 애기 그네 타야 돼. 다 비켜!' 이러는 거예요. 그런데 그 옆에 민호가 있었어요. 순간 긴장했죠. 평소 같으면 까칠한 민호가 안 참고 싸웠을 텐데 순순히 '애들아, 비켜 주자' 그러는 거예요."

'도서실 앞에서 맨날 휴대폰 하는 아이'로 알려진 정혁이 이야기에 우리 학교 교사들은 신기해서 감탄사를 연발했다. 아이들과 만남 뒤에 바로 모여서 서로의 느낌과 생각을 나누니 초등, 유치원 아이들에 대해 함께 생각하는 시간이 되고 바로 되먹임 할 수 있는 것이 좋았다. 앞으로 만남에서 우리 아이들이 서로 성장하는 모습을 더 많이 보게 될 테지만, 어려움이나 조절해야 할 일도 있을 테니, 매달 정기적으로 모여서 오늘처럼 서로 진행한 이야기를 나누면 좋겠다고 의견을 모았다.

그러고 나서 서로의 놀이 경험을 이야기했다. 먼저 20대 교사들의 경험을 듣고 차례로 60대 교사들이 어렸을 때 놀았던 장면을 떠올리며 이야기를 나누었다.

"저는 초등학교 때 놀이터, 학교 운동장에서 많이 놀았어요. 곤충

지역 유·초교사 놀이워크숍

을 잡고, 누가 많이 잡나 내기도 하고요. 자연을 좋아해서 그런 놀이를 많이 했어요."

20대 산남어린이집 교사가 말문을 열자 같이 온 교사가 말을 받았다.

"저도 선생님과 비슷한데요. 공기놀이 많이 하고, 발짝 뛰기를 많이 했어요."

5학년 원 선생도 나도 20대라며 말을 이었다.

"저는 어릴 때 놀았던 것보다 한솔초에 와서 선생님들하고 아이들과 놀았던 게 훨씬 많아요. 어릴 때는 피구를 하거나 숨어서 말뚝박기를 했던 기억이 나요."

세대가 올라갈수록 놀이 경험이 풍부해졌다. 온 마을이 놀이터였고, 고무줄놀이와 오징어진놀이, 구슬치기, 딱지치기 등 정말 다양했다. 온통 자연 속에서 빠져 노는 아이들을 온 마을이 환대하고 품고 있다는 느낌이 들었다. 이렇게 세대별로 놀이 경험을 말하다 보니 좀 더 친해지고, 서로에 대해 이해를 하게 되었다. 어릴 때 했던 놀이 가운데 함께 하고 싶은 놀이를 해 보자는 제안에 산남어린이집 교사가 고무줄을 하고 싶다고 했다. 처음에는 생각이 잘 안 난다고 하던 교사들이 '아! 이렇게도 했어요.' 하며 점점 빠져들었다. 보고 있던 60대 원장 선생님은 '내가 왕년에 고무줄 여왕이었다'며 양말을 벗어 던지고 뛰기 시작했다. 놀이터 안은 웃음소리로 가득했다. 처음에 좀 서먹해했던 교사들은 성공하면 하이파이브를 하고 한쪽에서 이야기 꽃을 피우기도 했다. 고무줄놀이 후 20대들이 가장 많이 했던 발짝 뛰기 놀이를 하다 보니 어느새 7시가 훌쩍 넘었다. 퇴근하고 피곤할 법도 한데 유치원, 초등 교사들 모두 어우러져 웃음이 떠나지 않았다. 다음 놀이 워크숍 약속을 잡고 아쉬움을 남긴 채 헤어졌다.


## 선배한테 배운 대로

자신이 졸업한 유치원이나 어린이집을 방문하기로 한 첫 번째 시간을 앞두고, 1학년 아이들과 함께 동생들을 만나면 어떻게 할지 마주 이야기를 나누었다.

"유치원 동생들 만나면 어떻게 할 거야?"

"'뭐 하고 싶어?' 하고 물어볼 거예요."

아이들은 조금의 망설임도 없이 대답했다.

이 말을 듣는 순간 온몸에 전율이 흘렀다. 6학년 형들이 우리 1학년과 처음 만났을 때도 이렇게 말했다. 동생 눈높이에 맞춰 무릎을 꿇고 "너 뭐 하고 싶어?"라고 묻더니 동생들이 원하는 걸 온몸으로 받아안은 듯이 함께 놀아 주었다. 한 시간 놀이를 끝내고 아이들에게 소감을 물으니, 언니들이 내가 하고 싶은 대로 놀아 주어서 정말 좋았다고 하나같이 입을 모았다. 배움은 학습자의 관계, 경험, 요구, 권리에서 시작된다는 것을, 아이들은 배우지 않고도 알고 있었다. 진심으로 서로를 존중하기 때문이다. 많은 시간 아이들에게 강요하고 가르치려 했던 나를 돌아보며 '진정한 배움'에 대해 다시금 깊이 생각해 보는 계기가 되었다.

동생아, 우리 뭐 하고 놀까?

그 외에도 동생들과 놀 때 어떻게 해야 하는지 이야기를 나누어 보았다.

"동생들이랑 싸우거나 괴롭히거나 빼앗지 않아요."

"동생들이 다치지 않게 조심해요."

"동생들이 싸우면 말려요."

이야기를 마치자마자 아이들은 주섬주섬 짐을 싸기 시작했다.

"얘들아, 오늘이 아니라 내일 갈 거야."

"에이, 지금 가요. 당장요!"

가고 싶은 마음이 얼마나 절실한지 느껴졌다.

드디어 예담어린이집에 가기로 한 날. 세 반의 아이들이 모두 모이니 11명, 세 반 담임교사들까지 14명이 길을 나섰다. 미세먼지가 심해 고민이 되었지만 아이들은 더 이상 하루도 미루지 못하겠다는 태도였다. 하는 수 없이 보건실에 있는 황사 방지 입마개를 하고 출발했다. 지금은 서로 다른 반이지만 유치원 때 단짝이었던 1반 세준이, 3반 준형이와 영후는 어깨동무를 하고 저만치 앞장을 섰다. 이 아이들은 평소에도 급식소나 복도에서 만나면 그렇게 반가워할 수가 없다. 어린이집에 도착하니 원장 선생님이 환한 웃음으로 맞아 주셨다.

"아이구, 다들 많이 컸다. 여름방학 때 놀러 오라니까 왜 안 왔어?"

아이들 하나하나 머리를 쓰다듬어 주시고 신발도 받아 주셨다. 내가 뒤늦게 도착해서 두리번거리니 세준이가 점잖게 일러 주었다.

"선생님, 신발은 여기다 두세요. 그리고 나 따라와요."

어른스러운 세준이 모습에 웃음이 났다. 이곳이 홈그라운드인 아이들이 교사들을 안내했다. 원장 선생님은 '이렇게 와 주셔서 정말 고맙다'며 초등학교 담임교사들에게 연신 인사를 했다. 우리가 방문할 곳은 2층 소망반. 문을 살짝 열자마자 "야!" 하는 환호성이 들리고 깡충깡충 뛰는 아이들이 보였다. 소망반 교사의 제안으로 유치원 동생들이 짝꿍을 선택했는데, 다들 쑥스러워 어쩔 줄 모르는 모습이 귀여웠다. 동생들의 손에 이끌려 유치원 교실 이곳저곳에서 놀이를 시작했다.

"너 뭐 하고 싶어?"

이 말을 시작으로 소꿉놀이도 하고, 퍼즐 맞추기도 하고, 책을 읽어 주고, 물고기 구경도 했다. 우리 개구쟁이 3인방은 동생들과 함께 둘러앉아 있기는 한데, 자신들의 추억에 젖어 더 신이 났다.

"야, 우리 유치원 때 했던 블록 가지고 놀자!"

"우리 십자 블록 가지고 놀았잖아."

"맞아, 맞아!"

이쪽저쪽에서 까르르 까르르 웃음소리가 끊이지 않았다. 여동생이 없는 현수는 곰살맞은 시현이가 짝꿍이 되자 싱글벙글 입이 귀에 걸렸다.

"오빠, 나랑 퍼즐 할까?"

"오빠, 우리 물고기 애기 낳은 거 보여 줄까?"

"오빠, 같이 이거 만들어 보자."

아이들이 어울려 노니 교사들은 별로 할 일이 없었다. 덕분에 소망반 교사와 이런저런 이야기를 나누게 되었다. 어린이집 아이들과

졸업한 유치원에 찾아간 1학년 아이들

놀이를 많이 하느냐고 물으니, 소망반 교사가 걱정스러운 얼굴로 이야기했다.

"저도 아이들이 놀이하는 것이 정말 중요하다고 생각해요. 근데 한글 해득이나 지식적인 측면을 요구하는 부모님들이 있어요. 1학년 들어가자마자 받아쓰기 보는데 한글은 알고 들어가야 하지 않느냐고 하세요."

"지금 교육과정에서는 전처럼 받아쓰기를 하지 않아요. 아, 그럴 때 우리 1학년 담임들을 부르세요. 1학년 교육과정에 대해 알려 드리고 부모와 교사가 협력해야 하는 부분도 이야기하고 싶어요. 제대로 놀아 보지 않은 아이들은 친구들과 놀이할 때 규칙을 잘 지키지 않거나 이기려고만 해서 어려움이 많거든요. 또 손가락에 힘도 제대로 생기지 않은 아이들이 글씨를 쓰다 보니 연필 잡는 방법도 엉망인 아이들이 많아요. 이미 고정되어서 고치긴 더 힘들고요.”

“정말요? 그러면 정말 감사하죠. 상의하고 연락드릴게요.”

유·초 연계 교육이 확산되어 교사들 사이의 협력과 연대가 깊고 두터워져야겠다는 생각을 다시 한 번 하게 되었다. 시계를 보니 약속한 시간이 되었다. 헤어질 시간이니 서로 인사를 하라니까 동생도 선배도 왜 이렇게 빨리 가느냐고 서운해했다. 현수의 짝꿍인 시현이가 현수에게 다가와 와락 안으며 이렇게 말했다.

“나도 오빠네 학교에 놀러 갈 거야.”

평소 감정 표현이 별로 없는 현수는 동생을 안고 어쩔 줄 몰라 했다. 교실을 나오려는데 현수가 내 옷깃을 잡아당기며 귀에 대고 속삭였다.

“동생도 우리 교실에 초대하고 싶어요.”

대답 대신 고개를 끄덕여 주었다. 그 순간 현수의 표정이 어찌나 진지하고 귀여운지 웃음이 나왔다. 먼저 나간 아이들이 교실 바로 옆 공간에 둘러앉아 있었다. 원장 선생님이 졸업식 영상을 틀어 주신 것이다.

“야, 강준형 너다!”

“하하하!”

“쟤는 수곡초 갔는데…….”

“맞아, 맞아!”

깔깔대고 웃고 발을 동동 구르며 손뼉을 치는 모습이 마치 유치원 동창회를 하는 것 같다. 교실에선 가끔 심술을 부리던 세준이 얼굴이 정말 편안해 보였다.

## 짝꿍은 어떻게 맺으면 좋을까요?

9월 3일 저녁 6시, 하늘에 구멍이라도 난 듯 쏟아지는 빗속을 뚫고 마을배움길연구소에 20여 명이 모였다. 5명의 유치원 교사와 15명의 초등 교사, 그리고 마을배움길연구소 문재현 소장님까지. 유·초 연계를 주제로 이야기를 나누기 위해 이제 막 관심을 가진 사람부터 한 학기 또는 1, 2년 동안 유·초 연계를 실천해 본 사람들까지 다양한 경험을 가진 교사들이다. 청주와 충주 평화샘을 중심으로 관심 있는 교사들을 초대한 자리라 서로 모르는 얼굴이 많았다. 준비해 둔 간식과 김밥 그리고 수다로 어느새 분위기가 부드러워졌다.

간단히 인사를 나눈 뒤에 임오규 선생과 윤재화 선생에게 충주남산초에서 실천했던 '누이 좋고 매부 좋은 유·초 연계' 사례를 들었다. 먼저 임 선생이 지난 한 해 동안 유치원 아이들과 5학년 아이들의 나들이 이야기를 들려주었다. 교실에서는 말도 거칠게 하고 갈등도 많은 아이가 유치원 동생과 하는 나들이에서는 기다려 주고, 무얼 하고 싶은지 먼저 묻고, 거친 동생들의 행동에도 참는 모습을 보여 주변 교사들을 감동시켰다고 한다.

다음은 윤 선생.

"유·초 연계, 누가 하든지 우리보다 잘할 수 있어요."

활짝 웃으며 당당하게 말하는 모습에 웃음바다가 되었다. 2학년 아이들과 유치원 동생들의 신나는 놀이 과정. 시행착오를 겪으며 깨달았던 이야기를 전해 주니 뒤이어 시작하는 교사들에게는 그야말로 족집게 길라잡이가 되었다. 이어서 금릉초 병설유치원 권 선생의 사례를 들었다.

"서당개 3년이면 풍월을 읊는다고 했는데, 저는 사람인지라 1년 만에 유·초 연계를 실천해 봤어요."

다섯 살 반(만 세 살)을 맡아 6학년 아이들과 유·초 연계를 시작했고, 동생들이 예뻐 수시로 유치원 교실을 드나드는 6학년 아이들 이야기는 진한 여운이 남았다. 권 선생은 무엇보다 동료 교사들과 허물없이 이야기하고 어려움을 나눌 수 있었던 시간이 가장 귀한 선물이라고 했다. 궁금한 것을 질문하는 시간으로 자연스럽게 이어졌는데, 초등학교 연구부장인 이 선생이 말했다.

"우리 학교는 한 학기 동안 6학년과 병설유치원의 유·초 연계로 정말 신나는 시간을 보냈어요. 근데 6학년 남자아이와 유치원 여자아이가 짝꿍이 되었는데 오해가 생겨 유치원 부모님들이 민원을 냈어요. 제가 연구부장협의회에서 유·초 연계 사례를 알게 되어서, 저와 친분이 있는 6학년 선생님과 병설유치원 선생님에게 제안해서 진행을 했거든요. 흔쾌하게 받아서 착착 진행이 되다가 그런 문제가 생긴 거죠. 지금은 유치원 선생님이 상처를 많이 받아 2학기에도 진행해야 하느냐며 위축되어 있는 상태예요. 오늘 같이 왔으면 힘 받고 좋았을 텐데……."

　　　　　　　　　　　　　　　　　동생아, 우리 뭐 하고 놀까?

이 선생의 진지한 이야기에 모두 안타까워했다. 임 선생이 말을 이었다.

"저도 작년에는 진짜 아무 생각 없이 했거든요. 덕분에 배운 것이 참 많아요. 올해는 될 수 있으면 이성이 아닌 동성끼리 짝을 맺어 줬어요. 여자아이가 화장실에 가고 싶어 하는데 6학년 오빠가 같이 갈 수는 없는 일이니까요."

임 선생의 이야기에 다들 고개를 끄덕였다. 그런 문제는 언제든지 생길 수 있으니까 앞으로 진행할 때는 부모교육도 하고 세밀하게 접근하자는 데 의견이 모아졌다. 비록 어려움을 겪었지만 이 선생의 사례는 유·초 연계가 평화샘이 아니어도, 놀이를 많이 알고 있지 않아도 누구나 쉽게 할 수 있고, 누구든 행복한 경험을 할 수 있음을 보여주는 중요한 사례라는 생각이 들었다. 한편으로 나는 평화샘에서 몇년 동안 이야기를 듣고서야 실천에 옮겼는데, 바로 실천하는 이 선생 이야기에 반성도 하게 되었다.

한솔초 선생들은 지난주 유·초 연계를 하기 위해 지역 유·초 교사 워크숍을 진행해서 그런지 구체적인 질문이 이어졌다.

"짝꿍은 한번 정해지면 계속 가나요?"

이 질문에 유치원 권 선생이 답을 해 주었다.

"별문제가 없는 한 지속하는 것이 좋아요."

유치원 권 선생은 6학년 선생들과 일상적인 만남 이야기도 해 주었다.

"그동안 유치원과는 상관없는 일이라고 생각했던 수학여행이 다르게 다가오더라고요. 6학년 수학여행 갈 때 처음으로 간식을 준비해서 배웅도 했어요. 그랬더니 유치원 체험학습 갈 때 선생님들도 아이들과 함께 나와서 손을 흔들어 주었어요. 유·초 연계를 하면서 서로에 대한 관심도 늘고 밥도 같이 먹고 놀이도 같이 하면서 조금씩 친해진 거 같아요. 진짜 재미있었어요."

권 선생의 말에서 프로그램을 진행한다기보다는 함께 사는 느낌이 들어 가슴이 따뜻해졌다. 유·초 연계를 경험하고 초등학교에 입학한 아이들의 모습도 인상적이었다. 첫날부터 교실에서 놀이판을 벌이는가 하면, 놀이에 서툰 교사에게 놀이를 알려 주는 작은 선생이 되기도 했다고 한다. 유·초 연계가 초·중 연계, 유·중 연계로 확장될 수 있는 가능성까지 이야기되었다. 이렇게 동생들과 놀이로 성장한 아이들이 중학교에 가면 초등학교, 유치원 아이들과 놀 수 있고, 중학교 아이들의 진로교육, 자유학기제, 봉사활동 등으로 지역사회와 관계 맺기가 현실화될 수 있을 것이다. 수곡동의 사례처럼 시니어클럽 할머니, 할아버지들이 유치원 아이들과 나들이하고 놀이도 하면 옛날 마을공동체처럼 마을 전체가 한 아이를 기르고 모든 세대와 아이들이 의미 있는 관계를 맺는 것이 가능하지 않겠냐는 문재현 소장님의 말을 들으니 가슴이 뛰었다. 하반기에는 도교육청 차원의 교사 워크숍과 부모교육도 제안해 보기로 했다.

마지막으로 서로 소감을 이야기하며 마무리했다. 모임이 끝났는데도 교사들은 쉽게 자리를 뜨지 못했다. 다섯 분의 유치원 교사는 따로 모여 유치원 모임의 가능성을 이야기하고, 유·초 연계를 앞둔 몇몇 교사는 딱지 접기를 하고 직접 놀이도 하며 웃음꽃을 피웠다.

유·초 연계를 하며 유치원과 초등 교사가 서로를 깊게 이해하고 협력하는 힘을 갖게 된 것처럼 초·중 연계를 통해 초등학교와 중학교 교사들도 또 그렇게 되었으면 좋겠다. 이렇게 지역에서 유·초·중 교사가 협력하고 아이들이 서로를 보살피며 성장하는 마을배움길, 마을 할아버지, 할머니와 모든 세대가 아이와 의미 있는 관계를 맺는 마을공동체. 생각만 해도 가슴이 벅차오른다.


## 우리 학교가 허브 역할을 한 거네요

한 해가 저물어 가는 12월 말. 한 학기 동안 진행한 유·초 연계를 마무리하기 위한 마지막 지역 유·초 교사 워크숍이 열렸다. 유치원 교사 3명과 초등 교사 6명, 모두 9명이 탁자에 둘러앉았다. 마침 한솔초 목요 놀이터 부모님들이 아이들을 위해 동지 팥죽과 가래떡을 준비해 주었다. 덕분에 워크숍에 모인 교사들과 맛있는 팥죽과 가래떡을 먹고 차를 마시며 한 학기를 지낸 소감을 나누었다. 산남어린이집 교사가 말문을 열었다.

"처음에 유·초 연계 한다고 해서 궁금하기도 했는데, 한마디로 너무 좋았어요. 조그만 애들만 보다가 4학년 큰아이들을 만나니까 뭔가 활기가 느껴지고 제가 에너지를 받더라고요. 특히 매봉산에 함께 갔을 때가 기억나요. 그전에도 아이들이랑 도전했다가 번번이 중간에 돌아왔거든요. 그런데 그때는 언니 오빠들 도움으로 해내고 나서 뭔가 성취감도 느끼고, 자립심도 생겼던 것 같아요."

산남어린이집과 연계를 했던 4학년 백 선생이 탁자로 바싹 다가 앉으며 말했다.

"그게 원래 매봉산에 가려고 했던 건 아니에요. 근데 먼저 올라간 녀석들이 있어서 올라가기 시작한 거예요. 오히려 4학년들이 몸이 무거워서 그런지 힘들어했어요. 뒤로 처지는 아이도 있고, 또 한 아이가 다리를 삐끗했어요. 그랬더니 먼저 내려온 유치원 동생이 형 데리고 와야 한다고 다시 올라가고. 동생들이 선배들을 더 보살폈다니까요. 아쉬운 건 유치원이 학교와 가까운데도 제가 띄엄띄엄 연락을 해서 자주 만나지 못한 거 같아 좀 미안했어요."

이야기를 듣던 푸른숲어린이집 원장 선생님이 부러운 표정으로 말했다.

"너무 부러워요. 우리 어린이집이 수곡동으로 다시 이사를 올 수도 없고."

푸른숲어린이집은 수곡동에서 조금 떨어진 방서동에 자리 잡고 있다. 원장 선생님 가족이 평화샘 연수에 참여해서 놀이와 나들이, 유·초 연계에 대해 알고 나서는 적극적으로 관심을 표현했다. 원장 선생님은 교사들과 함께 매달 있는 놀이 워크숍에도 빠지지 않고 참석하며, 주변 초등학교에 유·초 연계를 하자고 요청을 했지만 반응이 없어 상심이 컸다고 한다. 원장 선생님의 이런 처지를 알고, 우리 학교 4학년 3반 선생이 아이들과 상의해서 학급 마무리 잔치를 푸른숲어린이집에 가서 했다.

"지금까지 우리 원에 초등학생이 방문한 게 처음이에요. 정말 아이들이 '아, 나중에 나도 초등학교에 가면 저런 멋진 선배가 되겠지.' 하는 그런 에너지를 받은 것 같아요. 자신감도 많이 생기고. 초등학교 아이들도 동생들 앞에서 발표를 하는데 굉장히 자랑스러워하는 게 느껴졌어요. 동생들 응원에 힘입어서 더 의젓하게 발표하고. 원아들도 굉장히 집중을 잘하더라고요."

4학년 3반 강 선생이 활짝 웃으며 반겼다.

"우리 반 아이들도 너무 좋아했어요. 어린이집 차를 보내 주셔서 불편함도 없었고요. 자주 하면 좋겠지만 한 번으로도 같이 호흡해 봤다는 게 제일 큰 성과인 거 같아요."

조용히 듣고 있던 큰빛어린이집 교사가 말문을 열었다.

"우리는 5학년하고 세 차례 진행했어요. 매번 행사가 있으니까 날짜 잡기가 쉽지는 않았어요. 그래서 많이 못 이루어졌던 게 아쉬워요. 처음에 선생님께 우리 아이들 명단하고 특징들을 보내 드렸잖아요. 얼굴도 모르고, 동생에 대해서 전혀 모르는 상황에서 제가 보내 드린 특징만 듣고 5학년 아이들하고 선생님이 상의를 해서 짝을 맞춰 오셨는데, 첫날 제가 깜짝 놀랐어요. 애들이 다 닮았어요. 형제보다 더 형제 같고, 자매보다 더 자매 같은 거예요."

여기저기에서 우리도 그랬다며 다들 신기해했다. 계속해서 큰빛어린이집 교사의 말이 이어졌다.

"사실 어린이집에서 아이들 데리고 나가면 안전을 가장 강조해요. 선생님도 제가 안전, 안전 하니까 힘드셨지요. 그런데 놀이하는 첫날, 5학년 아이들이 봐주니까 그 넓은 공간을 마음껏 뛰어놀아도 다치는 아이 없이 괜찮았잖아요. 이제는 아이들이 같은 마을이니까 '마트에서 언니 만났어요, 어디에서 형 만났어요.' 하는 애들이 있더라고요. 오늘도 남아 있는 아이들한테 한솔초 간다고 하니까 왜 선생님 혼자만 가느냐고 막 항의하는 거예요."

그 순간 교사들 속에서 하하하 웃음이 터져 나왔다. 큰빛어린이집 교사는 초등학교의 강당을 부러워하며 이런 공간에서 아이들이 일상적으로 만나 놀 수 있으면 좋겠다고 했다. 또 유·초 연계에 대한 부모님들의 반응이 좋다면서 어린이집에 대한 신뢰가 높아진 것 같다고 했다. 큰빛어린이집 교사의 이야기 가운데 가장 인상 깊었던 내용이 떠오른다.

"전에는 주변에 저처럼 어린이집 교사를 하고 있는 사람을 전혀 몰랐어요. 그때 처음 워크숍을 하고 나서 길거리에서 우연히 워크숍에서 뵈었던 선생님을 만났는데 그렇게 반가운 거예요. 마을에서 나들이하며 가끔 볼 때 '저기도 나왔네.' 이러고 그냥 지나쳤는데 같은 7세 반 담임을 하고 있으니까 서로 얼굴을 알고 있다는 것이 되게 좋고 반가웠어요."

강 선생이 흐뭇한 얼굴로 말했다.

"지역 유치원 선생님들을 연결하는 역할까지 했네요. 우리 학교가 지역사회에서 허브 역할을 했어요."

그 자리의 여러 교사들이 고개를 끄덕이며 깊은 공감의 눈빛을 나누었다. 6학년 신 선생도 6학년 아이들과 동생들 이야기를 전했다.

동생아, 우리 뭐 하고 놀까?

"6학년은 유·초 연계도 하지만 1학년 동생들과 학년 연계도 하거든요. 오늘 1학년 동생들한테 마지막으로 편지를 쓰는데, 그렇게 열심히 하는 것은 처음 봤어요. 아마 유치원 동생들한테 쓴다고 하면 더 열심히 하지 않을까 싶어요. '졸업하면 못 보겠네요.' 하더라고요. 그래서 제가 '놀러 와. 유치원 오는 날 놀러 오면 되지.' 했어요. 아이들이 중학교 가서 자원봉사를 유·중 연계 활동으로 할 수 있을 것 같아요. 우리 아이들이 놀이가 익숙하고 유·초 연계 경험이 이미 있으니까요."

강 선생이 좋은 생각이라며 덧붙였다.

"중학교 가면 자유학기제가 있잖아요. 그때 유치원을 방문해서 놀이해 본 아이들은 얼굴도 알고 하니까, 중학교도 아주 좋을 것 같아요. 진로교육과 자유학기제가 동시에 해결되잖아요."

큰빛어린이집 교사도 맞장구를 쳤다.

"나중에 유아교육을 하고 싶은 친구들은 그곳에서 교사생활을 할 수도 있을 것 같아요."

내년에는 이 자리에 중학교 교사까지 함께하면 좋겠다는 생각이 들었다. 그러면 강 선생 말처럼 초등학교가 진짜 지역의 허브 역할을 하게 되는 거니까. 진정한 배움은 관계를 연결하는 일인데, 유초 연계야말로 유치원 동생들과 초등학교 아이들의 관계, 유치원 교사와 초등학교 교사의 관계, 초등학교 교사들 간의 관계, 유치원 교사들 간의 관계, 교사들과 부모의 관계, 거기다 중학교까지 연결하고 접속하는 최고의 배움길이란 생각이 든다.

# 누이 좋고 매부 좋은
# 신나는 놀이

윤재화

## 또래만 있는 교실?

2015년 겨울, 평소 친분이 있던 남산유치원 김 선생한테 연락이 왔다. 바로 옆에 근무하면서도 자주 못 만났던 터라 참 반가웠다. 전화로 하기 어려운 말이 있으니 만나자고 했다. 궁금한 마음에 운동장 건너편에 있는 유치원으로 부랴부랴 갔다. 나를 보더니 김 선생은 무척 미안한 얼굴로 작은 종이를 내밀면서 이번에 남산유치원을 졸업하는 아이들 가운데 남산초에 입학하는 아이들 세 명의 이름이라고 했다. 접고 또 접은 쪽지를 보고 궁금해서 무슨 사연인지를 물었다.

"이번 졸업생이 52명인데 20명 정도가 남산초에 입학해요. 그중에 좀 별난 아이들인데 다섯 살 때부터 지금까지 그러네요. 1학년 담임선생님들이 잘 지도해 주시면 좋겠어서 미리 말씀드리는 거예요."

3년을 품에 안고 있다가 초등학교로 보내는데, 잘 키웠다는 뿌듯함보다 혹시 말썽 피우다 혼나면 어쩌나 하는 유치원 교사들의 마음이 느껴졌다. 또 유치원과 초등학교에 일상적인 소통 구조가 없다 보니 이런 문제가 있을 때마다 아는 교사를 수소문해야 하는 상황도 안타까웠다. 내년에는 초등학교에서 먼저 유치원에 연락해서 같이 협의하면 좋겠다는 생각이 들었다. 미리 알려 줘서 고맙다는 인사를 한 후 쪽지를 들고 학교로 돌아왔다.

교감, 교무 선생과 이 문제를 이야기했는데 다들 뾰족한 수를 내놓지 못했다. 우선 할 수 있는 일은 세 명의 아이들을 각각 다른 반으로 배치하는 것이었다. 그동안 1학년 반 배치는 아이에 대해 전혀 모르는 상태에서 적당히 주소만 섞어서 했다. 그런데 그해에는 미리 알게 된 세 명의 아이들 때문에 반 배치에 좀 더 신경을 쓰게 되었다. 입학식 후 처음엔 별말이 없던 1학년 담임교사들이 3월 중순이 지나자 하나둘 힘들다는 말을 하기 시작했다.

"걔 머릿속을 들여다보고 싶어요. 도대체 왜 그러는지……."

"우리 반 아이도 이유를 모르겠어요. 잠시도 자리에 앉아 있지 못하고 돌아다니며 다른 애들을 툭툭 치고……."

그래서 어떤 아이들인지 살펴보았더니 처음 알게 된 세 명의 아이들 말고도 반마다 담임교사를 힘들게 하는 아이가 두세 명 더 있었다. 심지어 어느 반은 서너 명이 몰려서 담임교사가 너무 힘들다고 했다. 이런 아이들이 반마다 두 명씩만 있어도 7개 반이니 14명이라는 데 생각이 미치자 걱정이 되었다.

1학년을 오래하다 보니 생활지도가 힘든 아이들이 해마다 느는 것이 더 확실히 느껴졌다. 1학년을 담임했던 교사들이 다음 해에는 1학년을 안 하겠다는 말을 자주 했다. 그 무렵 교육방송에서 충주의 한 초등학교 1학년 담임교사를 극한직업의 주인공으로 방영하였다. 초등학교 입학식 날부터 3월 초순에 학교에 적응해 가는 아이들의 모습이 소개되었다. 자기 자리 앉기부터 화장실 사용과 급식소 이용 등 모든 것을 자세히 알려 주고 또 알려 주며, 쉬는 시간도 없이 생활하는 교사의 힘든 모습이 나왔다. 그런 데다가 부적응 증상을 보이며 힘들게 하는 아이들이 점점 늘어나니 더 어려워질 수밖에 없다. 이 방송에 대해 동료 교사들과 이야기를 나눠 보았더니 1학년 담임 기피 현상은 전국 대부분의 초등학교에서 겪는 어려움이라고 했다.

고민을 하다가 마을배움길연구소 문재현 소장님께 상담을 했다. 문 소장님은 우선 그 아이들이 다른 아이들과 어울려 노는지를 물었다. 나도 이 점이 궁금해서 담임교사들에게 물었는데, 대부분의 아이들이 놀이를 길게 하지 못하고 함께 약속한 규칙을 어길 때가 많아서 금세 또 다툰다고 했다. 왜 그럴까 싶었는데 내가 미처 생각하지 못했던 관점을 알려 주었다.

"교실은 모두 또래만 있잖아요? 또래끼리는 남을 이해하고 배려하는 마음을 갖기가 쉽지 않아요. 또래만 한 공간에 넣고 배움이 일어나길 바라는 현재의 교육제도에 근본적인 문제가 있는 거예요. 배움은 어른과 아이, 위와 아래가 함께 있을 때 가장 자연스럽게 일어납니다."

교실이 또래만 있는 공간이란 말을 들으니, 교실의 한계에 대해 공감이 되었다. 또 몇몇 아이들이 서로 자기주장만 내세우며 다투던 모습도 떠올랐다. 또래끼리만 있다 보니 상대방을 배려하고 양보하는 마음이 정말 부족했다. 유치원 때부터 또래끼리만 지내다 보니 자연스럽게 배려와 협력이 부족한 채 초등학교에 입학을 하는 셈이었다. 이 문제를 해결하는 열쇠로 문 소장님이 제안한 것이 유·초 연계였다. 초등과 유치원 아이들이 일대일로 관계를 맺는 것이다.

"유·초 연계를 통해 우리 아이들에게 진정한 놀이를 알려 주고, 좋은 사회적 형제자매 관계를 맺어 주면 그 아이들이 초등학교에 입학하기 전에 협력적인 관계를 경험하는 거죠. 지금 남산초 전체가 즐기는 우리 놀이는 평등하고 친한 관계를 맺어 줘요. 또 나들이는 자연과의 관계를 만들어 주지요. 이 놀이와 나들이를 유치원 때부터 제대로 하는 거예요."

유치원 아이와 초등학교 아이가 서로 손을 잡는 모습을 상상하니 유치원 아이들이 얼마나 행복해질까 하는 기대가 생겼다. 또 놀이와 나들이를 미리 경험하면서 친구들과 협력할 줄 아는 아이들이 입학한다면, 초등학교 담임교사들도 정말 좋을 거라는 생각도 들었다. 그런데 문 소장님은 내 생각을 듣더니 더 좋은 건 바로 초등학교 아이들이라고 했다.

"정말요? 초등학교 아이들은 좋은 것보다는 봉사를 하는 느낌 아닐까요?"

"아니요, 초등 아이들도 학급에서 또래끼리 경쟁만 하잖아요. 그런데 어린 동생들을 만나서 보살피면 사랑과 배려를 느낄 수 있어요.

사랑은 내리사랑이에요. 동생들에게 느끼는 무한사랑은 돈 주고도 경험할 수 없어요."

내리사랑이 어떤 상황일지 직접 눈으로 보질 못해서 확신을 할 수 없었지만 상상만으로도 가슴이 뛰었다. 동생 손을 잡고 놀이도 하고, 나들이도 하고, 교사들은 그런 아이들을 격려하며 함께 손잡고 걷고……. 이런 상상을 하니 얼른 유·초 연계를 해 보고 싶었다. 그런데 한편으론 걱정도 되었다. 과연 우리 학교처럼 큰 학교에서도 가능할까? 다른 교사들이 유·초 연계를 부담스러워하면 어쩌지? 옆에 남산유치원 교사들이 초등과 연계 맺는 걸 꺼려 할 수도 있는데…….


## 유·초 연계, 함께해 볼까요?

"어머, 선생님은 어쩜 그렇게 좋은 생각을 했어요?"

유·초 연계 교육에 대해 동료 교사인 임오규 선생과 이야기를 하고 나서 남산초평화샘에서 제안을 했더니 최 선생이 손뼉을 치며 말했다. 교사들은 유·초 연계란 말은 처음 듣지만 사회적 형제자매 관계란 말에 공감을 하면서 유·초 연계를 반가워했다. 이런 동료 교사들의 모습을 보니 '그동안 괜한 걱정을 했구나' 하는 생각에 절로 힘이 났다.

남산초평화샘은 2014년에 문재현 소장님의 강연을 들은 후 만들어졌다. 평화샘들은 새 학년 첫날은 꼭 우리 공동체 놀이로 서로 환대하며 시작했고, '멈춰 제도'를 통해 서로가 서로에게 든든한 방어자가 되는 교실공동체를 만들어 왔다. 또 자연과 친구가 되는 나들이를 3년 동안 실천하면서 주변에도 알렸더니, 어느덧 학교 전체에서 함께하는 흐름이 만들어졌다. 이런 과정 속에서 유·초 연계 제안을 받은 것인데, 이때가 2월이었다.

유·초 연계를 2017년 교육 계획에 넣으려면 하루라도 빨리 유치원에 제안을 해야 해서 남산초평화샘 모임이 끝나자마자 유치원을 찾아갔다. 사실 유치원으로 가는 동안 가슴이 콩닥거렸다. 단설유치원은 담임교사들이 하고 싶어도 관리자가 거절하면 할 수 없다는 것을 알기 때문이었다. 이럴 줄 알았으면 평소에 좀 친해 둘 것을……. 원장 선생님은 얼굴만 알지 친분이 없었기 때문에 긴장이 되었다. 겨우 100여 미터 떨어진 유치원을 가는데 참 멀게 느껴졌다. 원장실 문을 두드리고 들어가니 생활한복을 곱게 입고 차를 마시던 원장 선생님이 갑작스러운 나의 방문에 당황한 듯했다.

"남산초 아이들이 유치원 동생들과 놀이와 나들이를 하면 어떨까요? 유치원 담임선생님 혼자서 아이들 전체를 데리고 놀고 나들이하기 어렵잖아요? 남산초 아이들이 이제 어느 정도 놀고 나들이할 수 있어서 동생들을 돌보며 할 수 있거든요."

처음엔 의아한 얼굴로 바라보던 원장 선생님이 유·초 연계 이야기가 나오자 가까이 다가 앉으며 관심을 보였다.

"유·초 연계를 초등에서 먼저 해 주면 정말 고맙지요! 그동안 내가 정말 바라던 바예요."

이 말에 걱정했던 마음이 다 사라졌다.

돌아오자마자 유·초 연계 계획서 초안을 만들어 유치원에 보내고 나서, 유치원 담임교사들과 다시 모이기로 했다. 3월 초에 다시 임 선생과 유치원에 갔다. 처음 유·초 연계를 협의하는 자리였는데 원장, 원감, 교무, 연구, 담임교사들까지 여덟 명이 모였다. 그중에 아는 사람은 원장 선생님과 유치원 교무인 김 선생이었다. 내가 놀이를 제안할 일곱 살 반 담임 두 분의 소개를 들어 보니 한 분은 초임이었고, 다른 한 분은 경력 3년 차였다. 얼굴도 처음 보는 낯선 상태에서 새로운 내용의 유·초 연계를 제안하려니 긴장이 되었다.

어렵게 유·초 연계의 취지에 대한 이야기로 입을 뗐는데, 내 말을 들으며 연신 고개를 끄덕이는 원장 선생님과 달리 다른 교사들은 별다른 표정도 없고 말도 없었다. 그 모습이 마음에 걸렸지만 담임교사들의 이야기를 듣겠다는 생각보다는 같이 해 보겠다는 동의를 받고 싶은 마음이 앞서 우리의 생각을 얼른 말했다.

"누리과정에 매일 한 시간씩 바깥놀이가 있잖아요. 초등학교 중간놀이 20분과 그다음 수업 시간 40분을 합하면 딱 한 시간이거든요. 그래서 2학년과 유치원이 함께 놀이를 하면 좋겠어요. 그런데 처음이라 유치원 전체와 놀기는 어렵고 올해는 일곱 살 반 두 반과 먼저 놀면 어떨까요?"

내 이야기에 이어 임 선생도 말했다.

"나들이는 한 달에 한 번 정도 5학년과 함께 했으면 해요. 유치원 전체와 5학년 전체가 연계를 해서요."

한동안 침묵이 이어지자 나는 조바심이 났다. 그런데 잠시 후 유치원 연구 선생이 고개를 끄덕이며 말했다.

"우리도 이런 활동을 해 본 적은 없지만 우리 아이들이 좋아할 거란 생각이 드네요."

그 말이 어찌나 반갑던지 손이라도 덥석 잡고 싶었다. 큰 고비를 넘어선 기분이었다. 우선 놀이와 나들이 계획을 세워서 보내 주기로 하고, 학교로 돌아오자마자 일 년의 놀이계획서를 꼼꼼히 다시 만들었다. 임 선생도 한 달에 한 번 할 나들이 계획을 세웠다. 그리고 두 계획을 모아서 바로 그날 유치원에 보냈다(부록 「충주남산초등학교 유·초 연계 교육」 참고).

## 마음을 모아 함께 가요!

남산유치원에 유·초 연계를 제안하고 2주 후인 2017년 2월, 남산초의 새학년맞이 연수 날이 되었다. 나는 2년간 혁신부장을 한 후 2학년 담임을 맡게 되었는데, 내가 맡을 아이들과 동학년 교사들에 대한 기대감에 연수를 기다렸다. 새학년맞이 연수는 3일 동안 진행했는데, 그 가운데 첫날은 신나게 놀면서 친해졌고, 둘째 날은 동학년끼리 학구를 돌아보고, 셋째 날에 학년 배움길을 협의했다.

처음엔 말도 없이 굳어 있던 전입 교사들은 같이 놀면서 웃음이 번졌고, 아이들이 사는 마을을 돌아보면서 마음이 따뜻해진다고 감격했다. 이런 바탕 위에 마지막 날에 아이들과 지낼 교육 계획을 의논하니 저절로 마음이 모아졌다. 이때 논의된 가장 중요한 두 가지가 학년 간 연계와 유·초 연계였다. 우선 학년부장인 최 선생이 1학년과 2학년의 연계에 대해 제안을 했다.

"우리 학교는 행복씨앗학교 첫해부터 놀이로 공동체 문화를 만들기 위해 전교생이 어울려 놀았어요. 그런데 놀이를 모르는 아이들이 입학을 하고, 담임교사들도 놀이를 모르는 분들이 있어요. 그래서 재학생들이 1학년 동생들과 같이 노는데 올해는 별관을 같이 쓰는 우리 2학년이 1학년과 일주일에 한 번씩 만나서 놀면 좋겠는데, 어떨까요?"

그 말을 듣고 새로 온 박 선생이 놀이를 잘 모르는 교사들은 어떻게 하느냐고 물었다. 지난해 2학년을 했던 이 선생이 설명을 했다.

"저도 처음엔 놀이를 잘 몰랐어요. 그런데 우리 학교는 놀이다모임이 있어서 전체 교사들이 신나게 놀아요. 또 동학년 모임을 할 때도 먼저 놀이부터 해요. 만날 때마다 한 가지씩만 해도 그게 쌓이니까 무척 많더라고요. 또 2학년 아이들은 1학년 때 놀이를 많이 해 봐서 아이들이 노는 걸 그대로 동생들하고 하자고 하면 될 거예요."

새로 온 다른 교사들도 고개를 끄덕였고, 2학년과 1학년이 만나서 함께 노는 연계 계획이 세워졌다. 그다음 유·초 연계에 대해서는 내가 말했다.

"1학년이 놀이를 모르는 건 유치원 때부터 모르는 거잖아요? 그래서 올해는 남산유치원 일곱 살 반하고도 놀면 좋겠는데, 선생님들 생각은 어떠세요?"

이 말에 가장 관심을 보인 사람은 유치원에 다니는 아이들을 둔 두 교사였다. 아이와 어떻게 놀아 줘야 할지 막막했는데, 부모와 아이가 함께 할 수 있는 우리 놀이가 참 반갑다고 했다. 이렇게 이야기를 할수록 교사들도 유·초 연계에 대해 이해하기 시작하고 관심을 보였다. 그런데 1학년 여섯 반과 유치원 두 반이면 총 여덟 반인데 우리 2학년은 일곱 반이니 어떻게 하면 좋겠냐는 내 말에, 곰곰이 생각하던 선생들은 종이에 그림을 그리며 풀어 나갔다. 우선 2학년 7개 반과 1학년 6개 반을 줄로 이었다. 그러자 한 반이 남았다. 그다음은 유치원 두 반 중 한 반을 나와 연결했다. 이제 유치원 한 반과 연결할 반이 필요했다. 그때 7반 김 선생이 말했다.

"아까 1학년이랑 연결할 때 제가 맡은 7반이 남았잖아요. 그러니 남은 유치원하고 제가 하면 좋겠어요. 그런데 제가 놀이를 몰라도 너무 몰라서 걱정이에요."

김 선생은 지난해 9월에 첫 발령을 받아서 5학년을 맡았다. 올해 2학년에 적응하기도 벅찰 텐데 유·초 연계를 하겠다고 선뜻 나서 줘서 참 고마웠다. 김 선생은 어린 시절에 주로 아파트 놀이터에서 놀았다고 한다. 놀이터에서 그네나 미끄럼틀, 정글짐을 타고 놀았고, 전래놀이는 거의 해 본 적이 없어서 걱정을 했다. 이런 김 선생에게 내가 제안한 방법은 동학년 연계였는데, 우리 반과 7반이 먼저 놀고 그다음에 유치원이랑 놀기로 했다.

## 왜 유치원이랑 놀아요?

"내 생각엔 우리 반이 이렇게 친해진 건 매일 재미있는 놀이를 해서 그런 것 같아. 그래서 이렇게 재미있는 놀이를 남산유치원 동생들하고도 같이 하면 좋겠는데 어떠니?"

내 말이 끝나자마자 우리 반 까불이 우진이가 눈을 동그랗게 뜨고 말했다.

"왜 유치원이랑 놀아요?"

'언제 놀아요'가 아니라 '왜 놀아요'라는 말에 순간 당황스러웠다. 어떻게 설명을 하나 고민하는데 동운이가 한마디를 거들었다.

"그러게, 우리가 왜 유치원이랑 놀아요? 저는 동생 싫어요."

동운이 옆에 앉아 있던 찬호도 목청을 높였다.

"선생님, 누가 내 동생 좀 데려갔으면 좋겠어요!"

점입가경이었다. 동생이 있는 아이들은 거의 다 동생이 싫다며 한마디씩 보탰다. 그런데 동생이 없는 아이들마저 유치원과 만나서 노는 것을 썩 반기는 기색이 아니었다.

나는 혁신부장을 하다 2년 만에 담임을 하게 되었다. 전담일 때 아이들이 노는 모습을 보면 부러웠는데, 올해 2학년 담임을 맡아 원 없이 놀고 있다. 놀이를 시작하면 대여섯 명의 아이들이 벌떡 일어나서 여기여기 붙어라 외쳤고 신명나는 놀이판이 벌어졌다. 그 모습을 보면서 1학년 때부터 놀고 온 아이들을 만나니 2학년 담임이 이렇게 쉽구나 하는 감탄이 절로 나왔다. 이렇게 놀이를 즐기는 아이들이라면 유치원 동생들과도 잘 놀겠다는 생각이 들어 아이들에게 이야기했는데, 내 예상과 정반대였다.

적잖이 당황했지만 마음을 가다듬고 아이들에게 동생이 왜 그렇게 싫은지를 물었다. 그러자 동생이 있는 아이들은 다 한마디씩 했다. 스케치북을 찢은 동생, 잠자고 있는데 장난감으로 얼굴을 때린 동생, 아끼는 물건을 망가트린 동생, 동생이 잘못했는데 엄마가 자기를 혼냈다며 생각만 해도 화가 난다는 아이들의 불만을 들으며 아이들의 힘든 마음이 느껴졌다. 동생이 귀찮게 하고 동생이 잘못했는데 어른들은 '형인 네가 참아야지, 장난감은 동생부터 놀게 줘'라고 했단다. 이런 말을 자주 들으며 공평하지 않고 억울하다는 감정이 쌓인 듯했다. 그런 아이들의 마음을 다독이며 다시 이야기를 이어 갔다. 자기 위로 언니나 형, 누나가 있는 사람은 손을 들어 보자고 했더니, 몇몇 아이들이 손을 들었는데 그중에는 우진이와 동운이도 있었다. 둘 다 삼 남매 중 가운데라 형도 있고 동생도 있었다.

"그럼 너희 형들도 너희들이 귀찮고 싫겠네?"

"……."

아이들은 선뜻 대답을 하지 못했다.

"동생들하고 싸우지만 말고 놀아 주면 좋을 텐데. 동생이랑 '쥐야 쥐야'나 '실꾸리 똘똘' 같은 거 하면 사이가 엄청 좋아질걸?"

이 말에 정현이가 동생이랑 쥐야쥐야 했는데 아주 재미있어하고 자꾸 또 하자고 한다며 동생과 놀았던 경험을 풀어놓았다. 그러자 동생이 무조건 싫다던 아이들도 유치원 동생들에 대해 호기심이 생기는 듯했다. 겨우 진정이 된 우리 반 아이들에게 내가 생각하는 유·초 연계를 자세히 말했다.

"정현이가 동생하고 놀아 주니까 동생이 좋아하잖아? 그것처럼 너희들이 동생들과 놀아 주면 동생들도 너희들을 좋아할 거야. 유치원 동생들도 마찬가지야. 너희들에게 놀이를 배워서 재미있게 놀면 친구들하고 사이도 좋아지고, 유치원에 다니는 게 엄청 신날 거야. 어때?"

맨 처음에 깜짝 놀라며 따지던 우진이가 한결 누그러진 태도로 말했다.

"그런데요, 유치원 동생이 내 말을 안 듣고 딴짓하면 어떡해요?"

'아, 아이들이 이런 걱정 때문에 싫다고 했구나!'

우진이 말에 궁금증이 풀렸다. 아이들은 동생이 싫다기보다 말을 안 들을까 봐 걱정이 앞섰던 것이다. 다른 아이들은 어떤 생각을 하는지 더 들어 봤더니 비슷한 이야기가 많이 나왔다. 그래서 '동생이 내 말을 안 듣거나 나랑 같이 안 가고 딴 데로 갈 때 어떻게 하면 좋을까?' 하고 물었다. 아이들이 여러 가지 얘기를 했다.

"모른다고 화내지 말고 다시 천천히 말해 주면 돼요."

"그래도 안 되면 직접 하면서 알려 줘요."

"동생이 다른 데로 가면 나도 동생을 따라가요."

여러 명이 자세하게 말을 하자 우진이는 진지한 표정으로 친구들의 이야기를 들었다. 수업 시간에 나를 거의 쳐다보지 않는 우진인데 이렇게 진지한 모습은 처음이었다. 나중에 유치원 동생과 만났을 때 우진이의 행동을 살펴보니 동생의 얼굴을 보고 이야기하고 동생이

하는 말에 귀를 기울였다. 우진이처럼 걱정을 하던 다른 아이들도 친구들이 하는 말에 귀를 쫑긋하고 듣더니 얼굴에 웃음이 번졌다.

유치원 동생들 만나는 걸 싫다고 하던 아이들은 점점 나아지더니 여름방학을 앞두곤 동생들과 신나게 놀게 되었다. 간혹 우리 반 아이들 부모님을 만나면 아이가 집에서도 동생과 제법 놀아 준다는 이야기를 들려주었다. 유치원 동생과 놀면서 생긴 자신감이 친형제자매의 관계도 나아지게 한다는 생각이 들었다.

## 좌충우돌 첫 만남

해마다 오는 봄인데 유·초 연계를 하는 2017년의 봄은 남다른 느낌이었다. 그야말로 봄의 새싹 같은 유치원 아이들을 만날 봄이기에 다른 해보다 더 설레었다. 마음 같아서는 유치원과 개학 첫 주부터 만나고 싶었지만, 학년 초라 바쁜 일정이 지나고 3주부터 만나자고 했다. 마침내 첫 만남 전날, 아이들에게 내일 유치원 동생들을 만난다고 다시 얘기해 주었다. 아이들이 웅성거리기 시작하더니 연진이가 어디서 만나느냐고 물었다. 날씨가 좋으면 운동장에서 만날 건데 혹시 많이 추우면 우리 교실로 올 수도 있다고 했다. 듣고 있던 동운이가 동생 손잡고 운동장 열 바퀴 뛰게 운동장이 좋겠다고 말했다. 처음엔 동생들 만나는 게 싫다더니 이제는 마음의 준비가 된 듯했다. 나도 아이들도 처음 만날 유치원 아이들이 궁금한 하루였다.

기대했던 화요일은 일기예보대로 아주 맑은 날이었다. 첫 시간에 우리 반 아이들에게 오늘 운동장에서 유치원 동생들을 만난다고 알려 줬더니 함성을 질렀다. 그동안 날씨가 추워 운동장에서 놀이를 거의 못했기 때문에 바깥에 나가는 것을 무척 좋아했다. 신이 난 서준이가 중간놀이 시간에는 우리끼리 노는 거냐고 물었다. 유치원 동생들이 중간놀이 시간에 나올 거라 모여서 기다렸다가 동생들을 맞이하자고 얘기했다. 그러자 서준이가 입을 내밀고 투덜거리고 찬영이도 중간놀이를 못하게 한다며 불만스러워했다. 간신히 아이들을 달래다 보니 중간놀이 시간이 되었다. 부랴부랴 운동장으로 나갔다. 잠시 후 7반도 나왔다. 아이들은 운동장에 나오자 흥분해서 가만있지를 못했다. 그런데 어찌 된 일인지 중간놀이가 끝나는 50분이 되어도 유치원 아이들은 나타나지 않았다. 아이들이 달달 떨며 여기저기서 투덜거렸다. 유치원과 교문만 다르지 같은 학교라서 운동장까지 오는 데 2분이면 충분했다. 20분이 지나도 유치원 아이들이 나타나지 않아 걱정이 되었다. 어느새 아이들은 뿔뿔이 흩어져서 놀고 있었다. 이러지도 저러지도 못하고 있는데 55분쯤 드디어 유치원 아이들이 나타났다. 유치원 아이들은 반듯하게 두 줄로 서서 내려왔다.

"선생님, 왜 이렇게 늦었어요?"

"아, 애들 줄 세우느라고 늦었어요."

그 말에 당황했지만 얼른 흩어졌던 2학년들을 불렀다. 웅성거리며 빙 둘러서서 동생들을 쳐다보는 아이들과 잔뜩 굳어서 꼼짝 않고 서 있는 유치원 동생들을 보면서 우선 몸부터 풀자는 생각에 아이들에게 운동장을 한 바퀴 돌고 오라고 했다. 그러자 유치원 남자아이가 고개를 번쩍 들며 물었다.

"어, 뛰어도 돼요?"

"그럼, 맘껏 뛰어서 돌고 와!"

그러자 유치원 남자아이 둘이 소리를 지르며 뛰어갔고 그 모습을 본 다른 아이들도 우르르 달려갔다. 그런데 갑자기 하늘 반 선생이 아이들 쪽으로 뛰어가더니 남자아이 한 명을 데리고 왔는데 코피가 나고 얼굴은 눈물범벅이었다. 걱정이 되었지만 놀다 보면 생길 수 있는 일이라 크게 생각하지 않았다.

잠시 후 운동장을 돌고 온 아이들을 키 순서대로 세워 짝을 지어 주었다. 그런데 문제가 생겼다. 2학년은 48명인데 유치원은 52명이어서 동생들이 남았던 것이다. 남은 유치원 동생들은 모두들 자기를 쳐다보자 금세라도 울 기세였다. 얼른 뛰어가 남은 유치원 아이들끼리 손을 잡아 주며 여기 두 명은 친구끼리 짝하자고 말했다. 두 아이는 서로 얼굴을 마주 보더니 고개를 숙였다. 세심하지 못한 내 성격 때문에 아이들이 서운해하는 걸 보니 얼굴이 화끈거렸다. 유치원 선생과 짝을 어떻게 맺을지 미리 상의했더라면 좋았을 걸, 때늦은 후회가 밀려왔다. 얼른 놀이를 해서 분위기를 바꿔야겠다는 생각을 했다. 우선 2학년들에게 동생 손을 잡고 '실꾸리 똘똘'을 하자고 했다.


실꾸리 똘똘
명주꾸리 똘똘

아이들이 손을 잡고 빙그르 돌자 유치원 아이들 표정이 환해졌다. 한 번 더 노래에 맞춰 반대쪽으로 돌자 웃음이 터져 나왔다. 놀이를 처음 해 보는 유치원 동생들은 2학년 아이들과 반대쪽으로 돌아서 꽈배기를 만들기도 했다. 그러다가 빙그르 도는 감각을 알고 나선 마치 풍차 돌리기를 하듯이 연달아 돌고는 둘이 폴짝폴짝 뛰면서 좋아했다.

　　두 번째로는 달팽이진 놀이를 했다. 축구골대 옆에 그려져 있는 커다란 달팽이진을 보며 유치원 아이들에게 이 그림이 무엇을 닮았

**실꾸리 똘똘**

느냐고 물었다. 아이들 몇이 달팽이를 닮았다고, 놀이를 해 본 적이
있다고도 했다. '해 본 사람 손들어 보세요.' 했더니 막상 손을 드는
아이가 거의 없었다.

"아주 재미있는 달팽이 놀이를 2학년 언니, 형들이 알려 줄 거예
요. 우리 같이 해 볼까요?"

그러자 유치원 아이들의 우렁찬 대답이 들렸고 2학년 아이들은
자기 동생의 손을 잡고 출발선에 섰다. 달팽이 줄을 따라 뜀을 뛰기
전 2학년 아이들이 동생들에게 먼저 물었다.

**달팽이진 놀이**

동생아, 우리 뭐 하고 놀까?

"나는 달팽이 할 때 뛰어서 가거든? 너는 어떻게 할래? 뛸까, 걸을까?"

"나는 걸을래."

"그래, 그럼 걸어서 가자!"

그다음에는 상대방과 만났을 때 가위바위보를 하는 것도 물었다.

"가위바위보를 해서 이겨야 하거든. 가위바위보를 내가 할까? 네가 할래?"

"내가 할래."

"그래, 그럼 네가 해!"

묻는 아이도 대답하는 동생도 웃는 얼굴이었다. 달팽이진 바깥쪽에서 두 명이 가고 안쪽에서 두 명이 와서 네 명이 만났다. 동생이 가위바위보를 하는 쪽도 있고 언니나 형들이 하는 쪽도 있었는데, 동생이 이기면 함성소리가 더 컸다. 그런데 유치원 동생들은 아직 가위바위보를 익숙하게 하지 못했다. 그래서 먼저 낸 2학년보다 늦게 낸 동생이 지는 경우가 있어서 또 웃게 되었다. 첫날 동생 손을 잡고 규칙도 알려 주고 가위바위보의 중요성도 알려 준 달팽이진 놀이는 운동장에서 놀 때면 누구나 좋아하는 놀이가 되었다. 달팽이진 놀이를 하다 보니 어느새 헤어질 시간이 되었다. 마지막 5분을 남겨 놓고 100명이 운동장에 큰 원으로 모였다.

큰 원 가운데로 신발던지기를 했다. 처음 오른쪽 신발을 던지면서 시작한 환호성은 왼쪽 신발을 던질 때 절정에 달했다. 100명의 아이들이 어찌나 크게 웃던지 긴장했던 마음이 다 사라졌다. 신발던지기까지 하고 난 아이들은 마치 십 년을 알아 온 것처럼 얼굴이 환해졌다. 놀이를 끝내고 헤어질 때 우리 반 동운이가 급히 달려오더니 물었다.

"선생님, 오늘 만난 동생과 다음에도 짝이 되는 거예요?"

"응, 왜?"

처음 유치원 동생들과 놀자고 했을 때 큰 소리로 반대를 했던 동운이라 걱정부터 들었다. 왜 이걸 묻지? 쟤랑 짝하기 싫다고 하면 어쩌나? 여러 가지 생각이 스쳐 갔다. 그런데 내 대답을 듣자마자 동운이가 쏜살같이 동생에게 달려갔다.

"너랑 나랑 다음에도 짝이래. 또 만나!"

동생도 그 말을 듣자 환하게 웃으며 손을 흔들었다. 그 모습을 보면서 첫 만남에 대한 걱정으로 며칠 동안 긴장했던 마음이 눈 녹듯 사라졌다.

첫 만남에 대한 유치원 아이들의 솔직한 반응이 궁금했지만, 유치원 아이들이 감기라도 걸리면 어쩌나 싶었다. 담임교사들과도 이런저런 얘기를 하고 싶었지만 점심시간에 맞춰 유치원으로 가야 하는 교사들을 잡을 수가 없었다. 아이들이 모두 유치원 건물에 가려질 때까지 쳐다보는 것으로 만족해야 했다. 동생들과 헤어져 교실로 오면서 우리 반 아이들은 신나게 떠들었다.

"오늘 진짜 재밌었어."

"나도, 내 동생이 좀 착한 것 같아."

투덜대던 우리 반 아이들이 동생에 대한 호감이 생긴 것이 참 반가웠고 다행이라는 생각이 들었다. 다음 날 유치원 허 선생의 말을 듣고서야 안심이 되었다.

"우리 반 아이가 유치원으로 가면서 '내가 유치원 다닌 중에 최고로 재밌는 날이었어.' 이렇게 말하는 거예요. 다른 아이들도 '맞아, 맞아, 정말 재미있었어.' 하며 난리가 났어요."

동생들과의 첫 만남은 정신은 없었지만 앞으로 어떤 만남이 될지 흥분과 기대가 넘실댔다.


## 미세먼지 덕분에 유치원에 갔어요!

"선생님, 수요일하고 금요일은 형아와 만나는 날이죠?"

첫 만남 이후로 유치원 아이들은 월요일마다 담임교사가 주간계획을 붙이면 옆에 와서 2학년을 만나는 날을 꼭 챙겼다고 했다. 이런 아이들의 만남을 방해하는 문제가 생겼다. 바로 미세먼지였다. 지난해까지만 해도 미세먼지가 이렇게 나쁜 줄 실감하지 못했는데 유치원 아이들을 만나니 더 신경이 쓰였다. 3월 말에 유·초 연계를 하기로 한 날도 앞이 뿌옇게 보였다. 그래서 그날은 초등학교 강당에서 놀기로 했다.

막상 강당에 가 보니 여자 체조부를 위한 매트가 3분의 2를 차지하고 있어 100명의 아이들이 놀기에 너무 좁았다. 그래도 무리해서 두 편으로 나누어 놀았다. 우선 담임교사 뒤에 붙어서 기차놀이부터 하고 애벌레 꿈틀이 이어달리기도 했다. 아이들 두 명이 손가마를 만들어 동생을 태워서 돌아오기도 했다. 어떤 놀이를 해도 아이들은 까르르 웃고 신이 났는데 강당 창문으로 들어오는 햇살에 풀풀 날아오르는 먼지가 보였다. 걱정이 되어 옆에 있는 허 선생에게 말했다.

"운동장의 미세먼지가 위험할까요? 이 좁은 강당에서 저 많은 먼지를 먹는 것이 더 위험할까요?"

"그러게요. 무슨 좋은 수가 없을까요?"

곰곰이 생각하던 허 선생이 좋은 생각이 났다는 듯이 말했다.

"선생님, 유치원 2층에 작은 강당이 있어요. 그곳에서 놀까요?"

"아! 작년에 부모교육 하던 곳이요? 그럼 좋죠!"

"제가 유치원에 가서 상의한 다음 연락드릴게요. 이건 덤인데요, 유치원 강당에 공기청정기도 있어요."

"오호, 대박! 꼭 쓸 수 있게 해 주세요."

그날 오후에 유치원 교사들 모두가 흔쾌히 찬성했다는 연락을 받았다. 함께 상의하니 이렇게 쉽게 풀리는 것을 미련하게 혼자서 끙끙대기만 했다. 놀이 장소가 유치원 강당으로 바뀌면서 실내놀이를 많이 할 수 있게 되었다. 우선 강당으로 가는 첫날은 둘이 마주 보고 앉아서 쌀보리부터 하고, 쥐야쥐야도 해야겠다고 생각했다. 그래서 7반 아이들이 우리 교실에 놀러 왔을 때 두 반이 함께 놀이를 해 봤다. 역시 1학년 때 다 해 본 놀이라 이름만 들어도 신나게 했다.

다음 만남 때 2학년 두 반을 데리고 유치원으로 갔다. 운동장을 지나 유치원 쪽으로 가는데 아이들의 수다가 들려왔다.

"유치원에 오랜만에 가 본다."

동생아, 우리 뭐 하고 놀까?

"그치? 우리 졸업하고 처음이다."

남산유치원을 졸업한 아이들은 발걸음부터 신이 났고 다른 아이들도 들떠 있었다.

유치원 문을 열고 들어서자 입구에 놓인 키 작은 신발장과 그곳에 있는 동생들의 작은 신발이 보였다. 또 예쁜 집처럼 꾸민 꽃무늬 벽도 보이고, 아기자기한 소품으로 꾸며진 복도가 나왔다. 맨 앞줄 아이들이 2층 계단을 한 칸 한 칸 올라가고 있는데 유치원 동생들의 소리가 들려왔다.

"야, 왔다!"

강당에 줄 맞춰 앉아서 기다리던 유치원 아이들이 우리들을 보자마자 환호성을 질렀다. 그러자 2학년들도 씨익 웃으며 동생을 찾아갔다. 유치원 아이들을 보니 초등학교 운동장에서 만날 때보다 훨씬 생기 있고 밝아 보였다. 유치원 교사들도 환한 얼굴이었다. 그런 모습을 보면서 자신에게 익숙한 장소에서는 이렇게 편안함을 느끼는구나 하는 생각을 했다. 미처 유치원 아이들의 마음을 헤아리지 못하고 초등학교에서만 놀았던 것에 미안한 마음이 들었다. 둘씩 짝을 지어 다리세기 놀이를 했다.

쥐야쥐야 어디에서 잤니? 부엌에서 잤다.
뭐 덮고 잤니? 행주 덮고 잤다.
뭐 베고 잤니? 젓가락 베고 잤다.
뭐가 깨물었니? 고양이가 깨물었다.

쥐야쥐야, 어디에서 잤니?

무슨 피가 났니? 빨간 피가 났다!

신이 난 아이들의 목소리에 강당이 떠나갈 만큼 시끄러웠다. 하지만 어디에서도 다툼이 없었다. 다리세기 놀이 후에는 자기들끼리 실꾸리 똘똘을 하거나 다른 쪽에선 아이들이 동생들 손을 잡고 썰매 끌어 주기를 했다. 아이들이 행복해하는 모습이 정말 보기 좋았다. 헤어질 무렵에 유치원 아이들에게 제안을 했다.

"하늘, 바다반! 유치원에선 너희들이 언니이니까 동생들에게 가르쳐 줘야 하는데?"

내 말이 떨어지자마자 아이들은 합창을 하듯 대답했다.

"여섯 살 반에게 알려 줄래요."

온돌바닥이라 신발을 벗고 들어가 마음껏 뛰어놀 수 있는 유치원 강당은 유·초 연계의 든든한 놀이마당이 되어 주었다. 날이 좋으면 학교 운동장에서, 날이 좋지 않으면 유치원 강당에서 신나게 놀았다.


**단오엔 씨름이죠!**

단오가 가까워지는 여름이 되었다. 남산초는 평화샘의 제안으로 일 년의 배움길에 세시풍속이 점차 자리를 잡아 가고 있었다. 올해도 단오주간인 일주일 동안 학년에 맞는 다양한 활동을 계획하였다. 올해는 유치원 동생들과 함께 맞이하는 단오라 어떤 것을 하면 좋을지 아이들과 이야기를 했다. 아이들은 작년 기억이 났는지 씨름을 하자고 했다.

드디어 5월 30일. 운동장에서 종합씨름판이 열렸다. 뜨거운 태양 아래 마주 보고 서 있는 아이들에게 말했다.

"옛날에 우리 조상님들은 단오에 씨름을 하면서 힘을 길렀어요. 먼저 손바닥씨름을 할 거야. 손바닥씨름은 우리가 전에 했던 손바닥 밀기예요."

"아하!"

처음에 가장 쉬운 손바닥씨름을 했는데 힘이 센 2학년들이 많이 이겼다. 동생을 이기고 좋아하는 아이를 보며 동생한테 좀 져주지 하는 마음도 들었다. 그래서 유치원은 유치원끼리 하고, 2학년은 2학년끼리 했더니 분위기가 확 바뀌었다.

"하늘반 이겨라!"

"바다반 이겨라!"

동생들의 씨름판을 선배들이 응원하고 선배들이 할 때는 동생들이 응원을 하면서 점점 분위기가 달아올랐다. 응원하는 아이들 사이에서 우리 반 서현이와 유치원 동생의 모습이 눈에 띄었다. 서현이는 교실에서는 거의 말이 없고 다른 친구들에게 먼저 다가가지 못하는 아이다. 쉬는 시간에도 밖에 나가지 않고 하루 종일 자기 자리에서 고양이를 그렸다. 장화 신은 고양이, 바구니 속에 들어간 고양이, 드레스 입은 고양이 등 정말 다양한 고양이를 그렸다. 서현이가 그린 고양이 그림을 보면서 다른 아이들이 부러워하기도 했지만 그때뿐이었고, 여자아이들이 서로 어울려 놀 때는 서현이 혼자일 때가 많았다. 그래서 늘 마음이 쓰이는 아이였는데 유·초 연계로 여자 동생이 생기면서 서현이의 표정이 정말 밝아졌다. 동생을 만나면 싱긋 웃으면서 동생을 바라보고, 고개를 끄덕이거나 대꾸를 하면서 동생이 재잘대는 이야기를 잘 들어 주었다. 그리고 다정하게 손을 잡고 여기저기를 다녔는데 만나자마자 잡은 손을 헤어질 때까지 거의 놓지 않고 다녔다. 특히 이날 둘이 씨름을 하다가 서로를 보며 웃는 모습에 저절로 눈길이 갔다. 교실 속 또래들끼리 있을 때는 마치 투명인간 같던 서현이가 동생과 함께 있는 운동장에서는 가장 환하게 웃는 얼굴

**잡아당기기 씨름**

이었다.


## 더울 땐 역시 아이스크림!

6월이 깊어갔다. 아침부터 푹푹 찌는 더위에 에어컨 생각이 간절한 날이었다.

이 더운 날에도 동생들을 만나느냐며 우리 반 아이들이 투덜댔다. 운동장에서 만난 유치원 동생들도 강한 햇살에 얼굴을 찡그리고 있었다. 햇빛을 피할 그늘을 찾아보았지만 운동장엔 그늘이 될 만한 나무가 없었다. 그나마 은행나무 몇 그루에 생긴 작은 그늘 밑으로 아이들이 옹기종기 모였다. 어떤 놀이를 하자고 해도 힘이 안 날 듯한 아이들을 보면서 서로 손을 잡으라고 했다. 내 말에 어리둥절해진 아이들이 눈을 동그랗게 뜨면서 물었다.

"더운데 왜 손을 잡아요?"

"손을 잡으면 좋은 일이 생길 거야."

"무슨 좋은 일이요?"

눈치 빠른 우리 반 아이들은 좋은 일이란 말에 얼른 동생 손을 잡았다. 모두 기대감이 서린 얼굴로 다음 말을 기다렸다.

"동생들은 언니, 형 손 꼭 잡고 따라와야 해요."

"어디 가는데요?"

영문을 모르는 유치원 아이가 묻는 말에 대답 대신 씩 웃었다. 내가 후문 쪽으로 걸어가자 우리 반 아이들이 눈치를 챘다.


동생아, 우리 뭐 하고 놀까?

"아, 모닝마트 가나? 우리 아이스크림 사 주실 거예요?"

"글쎄?"

아이들은 학교 문을 벗어나는 자체로 이미 흥분 상태였다. 200여 미터를 걸어가면서 끊임없이 재잘거리던 수다는 마트 문 앞에 오자 절정에 달했다. 그리고 무려 100명의 아이들이 마트에 들어서자 직원이 깜짝 놀랐다. 내가 상황을 설명하니 웃으며 이해를 해 주었다.

"동생들 먼저 먹고 싶은 아이스크림을 골라서 계산대 앞으로 갈 거예요. 여러분은 그동안 마트의 물건을 보면서 3천 원어치 물건을 산다면 어떤 것을 골라야 하는지 찾아보세요. 꼭 지켜야 할 일! 지금

**아이스크림 고르기**

살 건 아니니까 만지지는 마세요."

동생들은 아이스크림 통 앞에서 갈등 중이었다. 한 번에 먹고 싶은 걸 골라내는 아이도 있었지만, 쭈쭈바를 집었다가 다시 내려놓고 돼지바를 잡았다가 다시 내려놓으며 심사숙고하는 아이들이 많았다. 유치원 교사들이 아이들에게 둘 다 먹고 싶어도 오늘은 한 개만 먹어야 한다며 자상하게 말했다. 그 시간 동안 2학년들은 눈으로만 물건을 살피며 다녔다. 물건 값을 따져 보며 자연스럽게 수학 시간에 나오는 천의 자릿수 공부를 마트에서 하게 되었다. 간혹 물건을 만지는 아이가 있으면 다른 아이가 '만지지 않기로 했잖아'라고 얘길 해 주는 모습도 보였다. 우리 반 아이들만 데리고 마트에 왔을 때는 이것저것 만져 대던 아이들이 동생들과 같이 오니 규칙을 잘 지키는 것도 신기했다. 동생들이 다 고르고 나자 2학년들도 골랐다. 껍질을 까서 휴지통에 버리는 것부터 나중에 아이스크림 막대기를 치우는 것까지 2학년들이 챙겼다. 학교로 돌아오는 길에 내 뒤에서 우리 반 찬성이와 유치원 동생이 나누는 이야기를 들었다.

"너 쌍쌍바 알아?"

"두 개로 되는 아이스크림이요?"

"응, 커플바랑 같은 거야."

"학원은 두 개 다녀요?"

"아니, 태권도학원 한 개만 다녀."

신기하게도 유치원 동생이 찬성이에게 꼭 존댓말을 했다. 그리고 그때마다 찬성이가 아주 다정한 목소리로 이런저런 얘기를 하는

동생아, 우리 뭐 하고 놀까?

데 저절로 웃음이 났다. 운동장에서 만나 놀이를 할 때는 서로에 대해 궁금한 것을 묻기보다 움직이며 놀기 바빴다. 그런데 손잡고 걸을 기회가 생기자 이런저런 얘기를 하게 된 것이다. 2학년 아이들이 궁금한 것을 묻는 동생에게 자상하게 대답하는 모습을 보니 참 흐뭇했다. 무더위로 조금은 짜증스럽게 시작한 만남이 아이스크림 한 개로 신나는 만남이 되었다. 신나게 놀다가 헤어질 때 유치원 아이가 내게 오더니 손을 꼭 잡고 말했다.

"선생님, 아까 배고팠는데 아이스크림 사 주셔서 고맙습니다."

행복과 평화가 이런 것이구나 싶었다.


## 한 학기를 돌아보며

7월이 되었다. 여름방학을 앞두고 유·초 연계를 하며 그동안 무엇이 바뀌었는지 찬찬히 되돌아보았다. 가장 먼저 생각나는 큰 변화는 유치원 아이들이 학교 운동장에 자주 보이는 것이었다. 같은 울타리, 딴살림을 하던 두 기관이 유·초 연계를 하면서 드디어 한 가족 같은 느낌이 든 것이 가장 반가웠다. 처음 만났을 땐 서먹하기만 했던 유치원 교사들과도 친해졌다. 유치원 교사들은 처음 시작할 때 구경꾼 같더니 그동안 반 아이들과 놀면서 신나는 놀이꾼이 되어 있었다. 교사들이 신나게 놀면서 아이들도 더 신이 났고 나도 훨씬 덜 힘들었다.

그런데 이렇게 반가운 변화와는 달리 힘든 것도 분명 있었다. 우선 유독 우리 반에 다투는 아이들이 많았다. 다른 반은 담임교사들이 줄도 맞추고 순서를 알려 주면서 챙겨 주니 아이들의 다툼이 덜했다. 그런데 우리 반은 내가 앞에서 진행을 하고 아이들끼리만 있으니 장난도 심하고 다툼도 잦았다.

두 번째는 딴짓을 하는 아이들이었다. 둘이 마주 보고 손뼉 치기를 가르쳐 줄 때였다. 모두 강당 바닥에 앉아서 손뼉을 치고 있는데 유치원 동생과 2학년 아이들 몇 명이 뛰어다니기 시작했다. 그러자 다른 아이들도 뛰며 흐트러지는 모습을 보였다. 얼른 아이들을 불러서 지금 하기로 한 놀이 안 하고 왜 뛰어다니느냐고 물었다. 그러자 2학년과 유치원 동생은 환한 얼굴로 대답했다.

"우리는 그거 다 할 줄 알아요. 그런데 별로 재미없어서 그만하자고 했어요."

할 말이 없었다. 수업 시간에 내 준 문제를 먼저 풀고 '다 한 사람 뭐 해요'라고 묻는 아이가 생각났다. 이래저래 나 혼자 100명의 아이들을 데리고 진행하는 데 한계가 느껴졌다. 그래서 유치원과 나들이를 하는 임 선생에게 이야기를 했더니 5학년의 나들이 모습을 알려 줬다.

"5학년들은 나들이할 때 전체가 같은 곳을 가는 것이 아니라 동생이 가고 싶은 곳을 가요. 교실에서 만날 때도 둘이 하고 싶은 걸 찾아서 하고요. 지금 선배가 하고 있는 것은 겉으로는 놀이인데 방식은 레크리에이션 같아요."

그 말을 들으며 우리 반에서 놀 때와 유치원 아이들과 놀 때가 다르다는 걸 깨달았다. 우리 교실에서는 아이들이 자신의 경험을 살려서 '여기여기 붙어라'로 초대하여 논다. 내가 굳이 끼지 않아도 아이들끼리 어울려 놀고 몰랐던 놀이도 자연스럽게 배운다. 그런데 유·초 연계로 놀 때는 내가 일방적으로 가르치고 있었다. 이런 방식이다 보니 다른 교사들은 놀이판에서 할 일을 찾지 못했고 우리 반 아이들도 혼란스러웠던 것이다. 결국 내가 혼자 레크리에이션을 진행하면서 놀이라고 생각했고, 놀이정신을 살리지 못하는 것이 문제였다. 문제점을 알고 나니 답답했던 속이 뻥 뚫리는 느낌이었다.


## 아이들이 주인 되는 놀이

8월 말에 2학기 개학을 했다. 유치원 동생들을 만나기 전 2학년 아이들과 자유놀이에 대해 이야기를 했다.

"얘들아, 1학기 때는 선생님이 준비한 놀이를 중심으로 했잖아? 2학기에는 너희들이 동생들과 하고 싶은 놀이를 하면 좋겠는데?"

그러자 동운이가 벌떡 일어서며 축구해도 되느냐고 물었다. 내가 예상했던 상황이라 웃음이 났다. 틈만 나면 축구를 하는 아이들 중에서 누가 이 말을 하려나 했더니 동운이었다. 다른 아이들에게 너희들 생각은 어떠냐고 물었다. 그때 우진이가 동운이를 보며 말했다.

"축구는 유치원 동생들이 힘들 거야. 너는 잘하지만 나도 수비만 하잖아."

1학기 동안의 놀이 유·초 연계를 통해 동생들과 함께 할 수 있는 놀이의 기준이 생긴 듯했다. 우진이의 말에 동운이가 고개를 끄덕이며 축구는 자연스럽게 제외가 되었다. 현선이가 다른 질문을 했다.

"둘이 하는 놀이는 괜찮은데, 달팽이진 놀이를 하고 싶으면 어떻게 해요?"

"그럴 땐 다른 친구들을 '여기여기 붙어라'로 모으면 되지."

"아하!"

그 후로 아이들은 자기가 가장 재미있어하는 놀이를 술술 풀어내며 동생들과 놀 계획을 세웠다. 나는 딱지, 나는 팽이, 나는 무궁화 꽃이 피었습니다……. 웅성거리며 자기 놀이계획을 말하고 있을 때 우진이가 물었다.

"선생님, 유치원 동생들은 언제 만나요?"

"왜, 보고 싶어?"

"네, 동생이랑 팽이치기 하고 싶어요."

1학기 동안 한 번도 먼저 동생을 보고 싶어 하지 않던 우진이가 한 말이라 놀랍고 반가웠다. 아이들이 자기 계획이 서자 자신감이 생기는 듯했다.

아이들과 계획이 선 다음엔 교사들에게 내가 느끼는 어려움을 털어놓았다.

"내가 1학기 동안은 놀이를 한 게 아니라 레크리에이션을 한 셈이에요. 그래서 2학기에는 아이들이 자유롭게 노는 걸 많이 하려고요."

그 말에 다른 교사들도 공감을 해 주었다. 다행히 김 선생은 그동안 나름대로 아이들과 놀이를 열심히 했고, 유치원 교사들도 전문적

학습공동체로 전래놀이 동아리를 만들어 놀이를 익혔다. 처음 놀이를 시작할 때는 놀이에 겁을 내던 교사들이 이제는 웬만한 놀이를 함께 할 수 있었다. 그래서 아이들은 동생들과 서로 좋아하는 놀이를 하고, 교사들은 아이들을 보면서 도움이 필요한 곳에만 참여하기로 했다. 이렇게 놀이의 흐름을 다시 잡고 나니 마음이 무척 홀가분했고 새롭게 펼쳐질 2학기가 기다려졌다.

2학기 첫 만남은 9월 15일에 했다. 초등학교와 유치원은 개학 날짜가 달랐고 학기 초라 서로 바쁜 일정을 피하다 보니 9월 중순이 된 것이다. 한 달 넘게 못 만나다가 만나는 아이들은 무척 반가워했다. 손을 잡는 아이들도 있고 꼭 끌어안으며 등을 토닥이는 아이들도 있었다. 그 모습을 보니 웃음이 절로 나왔다. 그날 하늘은 정말 맑았다. 파란 하늘에 흰 구름이 둥실둥실 떠 있었다. 우진이가 동생에게 물었다.

"뭐 하고 싶어?"

그러자 동생은 형의 손을 잡더니 운동장을 뛰고 싶다고 했다. 동생과 팽이 치고 싶다던 우진이는 동생과 함께 운동장을 뛰었다. 운동장은 인조잔디와 우레탄 바닥이라 팽이를 칠 수는 없었지만 둘 다 뛰는 걸 무척 좋아했다.

우리 반 인선이와 수민이가 자기 동생들과 함께 어깨동무를 하더니 '동무동무 씨동무'를 했다. 옆에 있던 다른 아이들도 그 모습을 보고는 같이 하자고 하더니 열 명이 넘는 아이들이 뭉쳐서 동생들과 함께 했다.

어깨동무 씨동무, 보리가 나도록 씨동무
어깨동무 씨동무, 미나리 밭에 앉았다.

　운동장 가장자리에 세워 놓은 핸드볼 골대에서는 20여 명의 아이들이 '무궁화 꽃이 피었습니다'를 했다. 술래가 고개를 돌리고 '무궁화 꽃이 피었습니다'를 외치면 바로 쏜살같이 뛰어가 술래 가까이에 다가가는 아이들 얼굴엔 하나같이 웃음꽃이 피었다. 또 다른 곳에서는 달팽이진 놀이가 한창이고, 비석치기를 하는 아이들도 있

**동무동무 씨동무**

었다.

　이후의 놀이는 정말 쉬웠다. 백 명의 아이들이 이곳저곳으로 흩어져서 하고 싶은 놀이를 했다. 한데 모아서 놀이를 진행하거나 내 말을 듣게 하려면 무척 많아 보이던 100명이 드넓은 운동장에 흩어지자 아주 적어 보였다. 내가 100명을 모아 놓고 놀이를 진행할 땐 몰랐던 느긋한 마음도 느껴졌다. 내가 여유가 있으니 아이들이 노는 모습이 잘 보였다. 신기한 것은 아이들끼리 다툼이 거의 일어나지 않는 상황이 된 것이었다. 전체에게 같은 놀이를 진행할 때는 규칙을 어기는 것으로 보였던 아이들의 행동이 이제는 자유롭고 창의적인 모습으로 보였다. 놀이를 시작하고 끝낼 때마다 호루라기를 불었을 때는 나도 모르게 아이들을 다그치고 단속하기 바빴는데, 여유 있게 그냥 기다렸더니 이제는 오히려 아이들이 동생들과 어울려 자연스럽게 놀았다. 시끄럽기는 말도 못하게 시끄러운데 소리의 대부분이 웃는 소리라 기분이 좋아지는 떠들썩함이었다. 마치 내가 좋아하는 충주 5일장에 온 기분이었다.


## 가을아, 반갑다

노란 은행잎이 뚝뚝 떨어지는 가을날, 운동장에서 유치원 아이들과 만났다. 운동장 가에는 은행나무가 병풍처럼 심어져 있다. 우리가 만나는 날 아침에 주무관님이 떨어진 은행잎을 한곳에 모아 두는 바람에 운동장 한구석에 노란 은행잎 동산이 생겼다. '저 은행잎으로 놀고 싶은데……, 주무관님이 아침 일찍부터 고생해서 모아 놓으신 거라 차마…….' 하는 생각으로 쳐다만 봤다. 늘 웃으면서 일을 찾아 하시는 주무관님은 성품도 온화해서 누구에게나 웃는 얼굴로 대하시니 학교의 모든 직원이 주무관님을 좋아했다. 유치원 아이들과 놀고 난 후에 가능한 한 깨끗하게 치우겠다고 말씀을 드리려고 주무관님을 찾았는데 어디 계시는지 찾을 수가 없었다. 놀고 나서 나중에 말씀을 드려도 아이들이 좋아하면 나도 좋다며 이해해 주실 분이라는 걸 알지만 정말 죄송했다. 이렇게 고민을 하고 있는데 유치원 아이들이 나왔다.

그날 유치원은 자유롭게 옷 입는 날이었다. 몇몇 여자아이가 마치 결혼식을 올리는 신부처럼 나타났다. 머리띠에 달린 레이스가 땅바닥까지 내려왔고 원피스도 레이스가 층층인 치마였다. 남자아이들 몇 명도 신랑 같았다. 깔끔한 재킷에 흰 와이셔츠를 입었다. 꼬마 신랑 신부들을 보니 놀이도 깔끔한 놀이만 해야 할 것 같은 분위기였다. 내가 난감한 마음이 들어서 유치원 교사들에게 물었다.

"저 꼬마 신랑이랑 각시를 어쩌죠? 옷에 뭐 묻히면 안 될 것 같은데……."

내 말에 두 선생이 깔깔 웃으며 말했다.

"신경 쓰지 마세요. 수요일마다 저렇게 입고 와서 우린 신경 안 써요."

여기저기 흩어져서 놀고 있는 아이들을 보면서 운동장에 나올 때부터 눈여겨봐 두었던 노란 은행잎더미 쪽으로 자꾸 눈이 갔다. 그래

동생아, 우리 뭐 하고 놀까?

**은행잎 긴 줄 만들기**

서 내 주변에 있던 유치원 아이들에게 말했다.

"얘들아, 저기 은행잎 보이지? 우리 은행잎으로 긴 줄 만들기 할까?"

나를 보다가 저쪽에 쌓여 있는 은행잎더미를 보다가 하던 아이들이 고개를 끄덕이며 좋다고 했다. 잠시 후 하늘반과 바다반 아이들이 은행잎을 한 잎 한 잎 줄로 이어 붙이니 참 예뻤다. 노란 은행잎으로 긴 줄이 생길 듯한 순간 반전이 일어났다. 체크무늬 재킷을 잘 차려입은 하늘반 남자아이가 자기 품 가득히 은행잎을 껴안고 왔다.

"비켜 봐, 내가 이만큼 가져왔어!"

그 아이가 가져온 은행잎더미를 늘어놓자 굵은 줄이 생겼다. 그 모습을 본 다른 아이들도 다다닥 뛰어가더니 한 아름씩 은행잎을 뭉치로 나르기 시작했다. 하얀 원피스도 분홍 원피스도 모두 신이 나서 은행잎을 날랐다. 초록 운동장가에서 가늘게 시작한 노란 줄이 점차 굵은 동아줄이 되어 운동장 속으로 들어왔다. 때마침 바람이 불어서 은행잎 동아줄은 꽃비가 되어 흩어졌다. 초록 운동장이 노란 운동장이 되면서 아이들은 펄쩍펄쩍 뛰면서 좋아했다. 그날 넓은 운동장에서 유치원 아이들은 꼬리잡기도 하고, 토끼와 거북이 달리기도 했다. 노란 운동장 반대쪽에선 2학년들과 유치원 동생들의 달리기가 이어지고 있었다. 아이들은 본능적으로 운동장에 서면 뛰고 싶어 하는 욕구가 있는 듯했다. 2학기 들어 하고 싶은 놀이를 자유롭게 하니 2학년들은 동생들의 이야기를 잘 들어 주었다. 나도 내가 전체를 이끌어 갔다면 가을을 느끼기도 어려웠고 은행잎을 쳐다보기도 어려웠을 것이다. 몸과 마음에 여유가 생기고 아이들의 노는 모습이 자유로워 보이자 주변이 눈에 들어왔다.

## 아니 이쪽 손, 야~ 잘했어!

11월이 되고 추워지자 바깥놀이를 하기가 힘들어 유치원 강당에서 자주 놀게 되었다. 자연스럽게 따뜻한 바닥에 앉아서 마주 보고 하는 실내놀이를 많이 하게 되었다. 7반과 만나 노는 화요일에 2학년 아

동생아, 우리 뭐 하고 놀까?

이들에게 이번 주에 동생들 만나면 어떤 놀이를 하고 싶으냐고 물었다. 비석치기, 무궁화 꽃이 피었습니다, 신데렐라 등등 참 다양한 놀이가 나왔는데 그중 신데렐라는 아이들에게 최신 유행하는 놀이였다. 둘이 마주 보고 신데렐라 노래에 맞춰 손뼉을 치는 놀이인데 얼마 전 쉬는 시간에 여자아이들이 시작을 해서 며칠 만에 우리 반과 7반 전체 아이들이 다 하게 되었다. 이렇게 여러 가지 놀이를 미리 생각해 보고 가면 아이들은 동생들과 자기가 생각한 놀이도 하고 동생이 좋아하는 놀이도 하면서 즐겁게 보냈다.

동생과 만나 놀이하는 날, 7반 명수가 유치원 남자 동생과 신데렐라를 하고 있었다. 평소 수줍음이 많던 아이인데 둘이 마주 보고 앉아서 손뼉 치기를 하기에 유심히 살펴봤다. 명수는 우선 동생과 노래부터 부르더니 손뼉을 치는 과정을 참 자세히 알려 줬다.

"어려서에 오른손이 만나는 거야."

명수가 오른손을 내밀었는데 맞은편의 동생이 명수가 내민 손과 마주 보는 쪽의 왼손을 내밀었다. 그러자 명수가 다시 설명해 줬다.

"아니야. 내가 이 손을 내밀면 너는 저 손을 내밀어서 이렇게 만나야 해. 그래야 같은 쪽이 만나는 거야."

이 말을 들은 동생이 반대쪽 손을 내밀었다. 그러자 명수가 밝게 웃으며 말했다.

"맞아, 잘했어. 참 잘하네."

그러자 심각한 얼굴이었던 동생이 까르르 웃으며 뒤로 벌렁 넘어갔고 명수도 그런 동생을 보면서 밝게 웃었다. 그 후로도 명수와 동

**동생과 손뼉 치기**

생은 차근차근 순서를 익혔고 나중엔 신데렐라 노래에 맞춰 동작을 완성해 갔다. 주변에서는 여자아이 한 팀이 어찌나 빠르게 신데렐라를 하는지 거의 무아지경이었다. 그 아이들은 유치원 동생도 이미 신데렐라를 알고 있어서 가르치는 과정 없이 바로 놀이로 들어갔다. 그러곤 속도전을 하면서 놀고 있었다. 하지만 느린 남자아이들은 마주 앉아서 두 눈을 보면서 차근차근 설명을 했다. 놀이 시간이 끝날 때쯤 익숙하게 놀이를 하고 있는 두 아이의 얼굴은 환하게 빛이 났다.

흩어져 놀던 아이들을 모아서 두 줄로 마주 선 다음 손을 잡고 '우리 집에 왜 왔니' 놀이를 했다. 서로 마주 본 친구들끼리 가위바위보를 해서 진 사람이 이긴 사람 쪽으로 데려가게 했다. 그랬더니 양편

동생아, 우리 뭐 하고 놀까?

아이들의 신명이 엄청났다. 이 모습을 보고 김 선생이 깜짝 놀랐다.

"저 놀이가 원래 저렇게까지 신이 났었나요?"

그 말에 나도 공감이 됐다.

"그러게요, 나도 저렇게까지 신이 날 거라곤 생각 못 했어요. 아마 친한 사람들끼리 노는 자체가 신명을 끌어올리나 봐요!"

그때 유치원 오 선생이 슬며시 내게 와서 웃으며 말했다.

"저는 교사가 참견하지 않아도 아이들끼리 저렇게 놀 수 있다는 걸 생각도 못했어요. 아이들이 참 행복하고 자유로워 보여요."

나도 기쁜 마음으로 말했다.

"나도 우리 반 아이들이 교실에서 안 싸우고 다정하게 노는 모습을 보면서 기적 같다고 생각했어요. 그런데 이렇게 어린 동생들 100명하고도 가능하네요."

교사가 있든 없든 아이들이 스스로 신나게 놀면서 자유로워지는 세상은 모든 교사들의 꿈일 것이다. 놀이를 할수록 더 친해지고 놀이를 할수록 더 재미를 느끼는 일 년이었다. 처음 만나서 했던 실꾸리 똘똘도 겨울에 하니 더 신나게 했다. 만날 때마다 하는 강강술래는 하면 할수록 더 신명이 났다. 이런 아이들을 보면서 놀이는 사람들을 친하게 해 주고, 친한 사람끼리 놀면 더 신이 난다는 문 소장님 말씀이 실감이 났다. 저 아이들이 내년에 초등학교에 입학하면 올해 함께 놀았던 2학년, 손잡고 나들이한 5학년이 맞이하겠지 하는 생각을 하니 새봄이 더 기다려졌다.

## 울타리 가족의 날

1학기를 마무리할 때 유치원 교사들과 2학기에 대해 의논을 하면서 제안을 했다.

"일곱 살 아이들이 이제 놀이를 많이 알아요. 선생님들도 1학기 동안 놀이를 많이 했고요. 그래서 금릉유치원의 권 선생 사례처럼 유치원 안에서 일곱 살 아이들이 동생들과 만나서 놀이를 하면 좋겠는데 가능할까요?"

그 말에 유치원 연구 선생이 말했다.

**100명의 자유놀이**

동생아, 우리 뭐 하고 놀까?

"지금까지는 연령별로 누리과정이 운영되다 보니 다른 연령이 어떤 수업을 하는지 관심을 두지 않았어요. 그래서 연령 간 연속성이 거의 없는 수업이 이루어지고 있었다는 생각이 들어요. 또 같은 공간에서 생활하면서도 함께 어울려 놀 기회가 없다 보니 같은 유치원에 다닌다는 공동체 의식이 아이들에게도 전혀 없었던 것 같아요. 조금 인위적인 공간이긴 하지만 마을에서 언니와 동생이 함께 어울려 놀 듯 유치원에 놀이판을 만들어 주면 좋겠네요. 한 학기 동안 선생님들이 하는 걸 지켜봤더니 저희들도 이제는 좀 할 수 있을 것 같고요."

유치원 교사들도 놀이와 나들이에 대한 부담이 많이 줄었고, 유치원에서도 일곱 살들만 놀이를 하는 문제를 해결할 수 있는 길이었기에 흔쾌히 동의를 했다. 그래서 2학기에는 수요일에만 2학년과 놀고, 금요일에는 울타리 가족의 날을 운영했다.

울타리 가족의 날은 일곱 살들이 여섯 살과 다섯 살을 함께 데리고 노는 날인데 1학기 내내 2학년과 5학년에게 동생이었던 일곱 살들이 선배가 되는 날이기도 했다. 개학하고 매주 금요일 10시부터 11시 30분까지 유치원에 특별한 행사가 없으면 항상 이루어졌다. 그날 어떻게 운영하는지 궁금해서 유치원 연구 선생에게 물었다.

"전체 130명이 모여 놀기에 강당이 너무 좁아서 2층에 있는 바다반과 하늘반을 모두 활용했어요. 두 교실 안에는 앉아서 놀 수 있는 놀잇감을 넣어 주고, 강당은 뛰면서 놀 수 있는 놀이판을 그려 주었어요. 교실에 공기, 딱지, 실뜨기 실, 제기 등을 주고, 고무줄놀이를 할 수 있는 공간도 만들어 주었어요. 강당에는 사방치기, 비석치기,

달팽이진 놀이, 팔자놀이판을 그려 주었고, 무대에서는 팽이를 돌릴 수 있도록 했어요."

이 말을 들으니 4월에 처음 유치원 강당에 갔을 때가 생각났다. 넓은 강당은 작은 종이 한 장도 없이 깔끔했고 한쪽 벽면에는 블록이나 조립할 수 있는 놀잇감 바구니가 차곡차곡 정리되어 있었다. 왠지 놀잇감을 꺼내서 신나게 놀고 싶은 마음보다는 빨리 단정하게 정리해야 한다는 부담감이 드는 느낌이었다. 그런데 1학기 동안 2학년과 놀면서 강당의 분위기는 점차 변해 갔다. 바닥에는 달팽이진 놀이가 그려지고 사방치기도 생겼다. 비석치기를 할 수 있는 금도 그려지고 놀잇감 바구니에는 처음엔 없던 팽이, 딱지, 구슬 등이 담겼다. 아이들이 자유놀이를 할 때면 온갖 놀잇감이 섞여서 새로운 이야기를 만들어 냈다. 딱지를 치던 아이들이 무슨 이야기를 주고받더니 갑자기 딱지로 긴 줄을 만들기도 하고 네모난 방을 만들기도 했다. 이 공간에 두 교실의 문까지 열려서 유치원 일곱 살부터 다섯 살까지 130여 명이 한데 어울려 노는 모습을 상상하니 가슴이 벅찼다. 어떻게 놀았는지도 물었다.

"처음 30분 정도는 반별로 모여 앉거나 동생 반과 짝을 지어 앉은 후 앉아서 할 수 있는 놀이들을 한 가지씩 배워요. 손치기 발치기, 쥐야쥐야, 실꾸리 똘똘, 쌀보리, 물레방아, 방아야방아야, 실구대 소리 등……. 동작이 어려운 것은 어린 연령의 아이들은 잘 못해서 먼저 익힌 일곱 살 아이들이 가르쳐 주기도 해요. 나머지 한 시간은 동생과 짝을 지어 다니며 놀이를 함께 하는 시간이에요. 동생이 하고 싶

은 놀이를 함께 해 주기도 하고, 모르는 것을 가르쳐 주기도 하면서
요. 한 달에 한 번은 함께 나들이도 다녀왔어요. 국화꽃이 핀 길을 함
께 산책하기도 하고, 눈 오는 날 운동장에서 함께 눈을 맞으며 달리
기도 했어요."

유치원 교사들이 울타리 가족의 날을 운영하면서 점차 마음이 어
떻게 바뀌었는지도 알게 되었다.

"첫날에는 울타리 가족의 날에 대해 설명하고 약속을 정하는 것부
터 시작했어요. 많은 아이들이 다치지 않고 싸우지 않고 무사히 놀게
하는 것이 가장 큰 숙제였거든요. 그래서 약속부터 단단히 하고 시작
했는데 처음에는 노는 아이들을 보고 고개를 갸우뚱하는 선생님들
도 있었어요. 아이들이 만든 아수라장을 어떻게 해석해야 하나 혼란
스러웠던 거지요. 모든 놀이에는 규칙이 있고 규칙은 철저히 지켜져
야 한다는 믿음이 있었기에 어디까지 수용해 주어야 하나 몇 주는 고
민들을 했던 것 같아요. 그러다 아이들도 놀이를 이해하게 되면서 분
위기가 조금씩 차분해졌고, 또 아이들을 바라보는 교사들의 눈도 달
라졌어요. 소란스러워 보이지만 그 안에서 스스로 규칙을 정하고 양
보하며 무엇보다 즐겁게 노는 아이들의 웃는 얼굴을 볼 수 있게 되었
거든요. 울타리 가족의 날 마지막 즈음에 대다수 선생님이 이 부분에
대해 이야기했어요."

유치원 교사들이 처음엔 혼란스러웠다가 계속 진행하는 과정에
서 아이들에 대한 믿음을 발견했다는 말이 무엇보다 반가웠다. 특히
단설유치원 전체가 같은 내용으로 연계 교육을 하면서 교사들이 함

께 만들어 간 과정이라 더 큰 성과라는 생각이 들었다. 유치원 교사들은 수업의 부담이 줄어들기도 하고, 교실에서 교사 주도로 힘들게 가르쳐 주던 전래놀이를 선배들이 가르쳐 주니 쉬웠다고 좋아했다. 가장 궁금한 아이들의 변화에 대해서도 물었다.

"외동이었던 일곱 살 서우는 동생을 여러 명 데리고 다니면서 이것저것 가르쳐 주며 뿌듯해했고, 이름난 개구쟁이 건우는 유난히 따르는 작은 개구쟁이 정훈이를 살갑게 챙겨 주다가도 힘들다며 동생이 한눈판 사이 도망치다 잡히기도 했고, 집에서 매일 싸운다던 남매는 울타리 가족의 날에는 누구보다 다정한 남매가 되기도 했어요."

"우선 동생들 손을 꼭 잡고 여기저기 다니며 놀이를 알려 주고 자기보다 먼저 동생들이 놀이를 해 볼 수 있도록 양보하는 모습이 인상적이었어요. 또 유치원 자유선택활동 시간에 놀잇감을 나눌 때도 선배들처럼 가위바위보로 공평하게 나누는 모습을 보였어요. 전에는 내가 먼저 잡았어, 아니야, 내가 먼저 잡았어 하면서 다투었는데 유·초 연계 이후에는 우리 둘이 같이 잡은 것 같아. 공평하게 가위바위보를 해서 이긴 사람이 먼저 가지고 놀자라고 하면서 배운 대로 하더라고요."

그 외에도 선배들이 놀이 중에 무심코 썼던 숫자나 영어 표현도 자연스럽게 따라 하면서 인지적인 능력도 높아졌고, 무엇보다 초등학교라는 공간을 편안하게 느끼게 되었다고 한다. 또 초등학교를 그전까지는 가지 말아야 할 곳으로 생각했다면, 유·초 연계 이후에는 나와 같이 놀아 주는 선배들이 있는 편안한 곳으로 느껴서 초등학교

동생아, 우리 뭐 하고 놀까?

에 가는 것을 좋아하게 되었다고 한다. 이런 얘기를 들으며 위아래가 같이 있어야 자연스러운 배움이 일어난다던 문 소장님의 말이 생각났다. 유치원 교사들은 2학기 동안 금요일에 있을 울타리 가족의 날을 생각하며 목요일 저녁이 설레고 내일은 또 얼마나 재미있을까 하며 웃었다고 했다.

## 뒤늦게 알게 된 속 이야기

12월 초에 유치원 김 선생에게서 유·초 연계에 참여했던 교사들끼리 밥 한번 먹자고 전화가 왔다. 1년 동안 정신없이 달리기만 하다가 드디어 한숨 쉬는 느낌이 들어 그 말이 참 반가웠다. 놀이를 같이 한 김 선생과 나들이를 한 5학년 담임교사들이 참석하고 유치원 교사들도 모두 모였다. 한 달에 한 번씩 원장실에서 유치원 교사들을 만나던 나와 임 선생과 달리 다른 교사들은 이런 자리가 처음이라 어색해했다. 처음엔 쑥스러워서 보글보글 끓고 있는 새뱅이 두부전골만 쳐다보다가 말없이 밥만 먹었다. 밥을 다 먹고 나서야 서로 얼굴을 쳐다보며 말할 여유가 생긴 듯 미소를 지었다. 먼저 유치원 교사들이 초등 교사들 덕분에 유아들이 행복한 일 년을 보내서 고맙다며 말문을 열었다. 그 말을 들은 초등 교사들은 모두 고개를 저으며 아니라고 말했다.

"우리 아이들이 동생들보다 더 행복해했어요."

"유·초 연계 아니었으면 우리 반 아이들한테 그렇게 의젓한 모습이 있다는 걸 어떻게 알았겠어요."

"유치원 선생님들이 얼마나 고생하시는지 처음 알았어요. 정말 대단하세요."

"유치원 아이들이 초등보다 많다는 걸 알고 깜짝 놀랐어요."

이렇게 서로를 격려하는 말들과 유·초 연계를 통해 아이들이 행복해하는 모습을 보면서 서로 감격한 이야기들이 쏟아졌다. 화기애애한 이야기가 무르익은 후에 힘들었던 이야기가 자연스럽게 나왔다. 임 선생이 나들이 첫날, 5학년 아이들이 동생들을 데리고 흩어지니까 유치원 교사들이 깜짝 놀라며 이리저리 아이들 찾으러 다녀서 5학년 담임들도 놀랐던 이야기를 꺼냈다. 그 말에 유치원 연구 선생이 웃으며 말을 했다.

"제가 가장 놀랐어요. 우리 샘물반 아이들이 5학년 아이들 손을 잡고 다 사라지는 거예요. 어찌나 걱정이 되던지……. 모두 내 눈앞에 보여야 마음이 놓이거든요. 그런데 나들이를 할수록 5학년 아이들을 믿게 되니까 그런 걱정이 점점 사라졌어요."

반 아이가 안 보여서 당황했던 유치원 교사와 그런 유치원 교사의 모습을 보고 당황한 초등 교사의 이야기로 웃음꽃이 피었다.

그런데 놀이 첫날 코피가 터진 아이의 담임인 하늘반 오 선생이 그때를 회상하며 말을 하다가 눈가가 촉촉해졌다.

"제가 아이들 데리고 처음 운동장에 나왔는데 뭘 해야 할지 모르겠고 걱정만 됐어요. 그런데 조금 있다가 선생님이 아이들 보고 '운동장 한 바퀴 뛰어갔다 와' 하시는데 겁이 났어요. 결국 우리 반 아이는 넘어져서 코피가 나고……."

　오 선생은 첫 발령을 받자마자 뜻도 모를 유·초 연계를 하게 되어서 당황스러웠다고 했다. 평소 아이들이 조금이라도 다치면 교사들에게 책임을 묻는 유치원 학부모들 때문에 가뜩이나 조심스러웠는데 운동장에 나오자마자 코피가 터진 것이다. 화도 나고 당황스러웠던 그때를 말하며 눈가를 적시는데 정말 미안했다. 유치원 교사들은 유아들이 등원한 순간부터 수업을 마칠 때까지 쉬는 시간이 없고 유치원에서 아이가 다치거나 다툼이 생기면 부모들의 항의가 많다고 한다. 그러니 매사에 조심하게 되고 안전을 우선으로 할 수 밖에 없는데, 교실에는 교사 한 명이 감당하기 어려운 많은 수의 아이들과 있으니 평소에 나들이는 꿈도 꾸지 못한다고 한다. 항상 내 눈앞에 있어야 안심이 되고, 내가 돌봐 줘야 하고, 다치면 안 되는 세상 속에 유치원 교사들이 있었다. 그런데 초등 교사들이 너무나 쉽게 아이들끼리 풀어놓으니 걱정이 앞섰던 것이다. 그런 사정도 모른 채 초등 교사들이 먼저 제안해서 운영하니 유치원 교사들은 큰 부담이 없겠지 하는 생각을 했었다.

　"또 다른 일거리가 생긴다고 여겼어요."

　처음 유·초 연계를 제안했을 때 유치원의 원장 선생님은 바로 반가움을 나타냈지만 담임교사들은 떨떠름해했던 것이 기억이 났다. 유치원은 모든 계획과 결과를 문서로 남겨야 하는 관행 때문에 또 다른 일거리가 생긴다는 부담감이 먼저 들었다고 하는 말이 이해가 갔다. 실제 1년 동안 유·초 연계를 하면서 초등 교사들은 성과에 대한 부담이 없었다. 자발적인 교사들의 시도였기에 가장 쉽고 편한 길을 찾았다. 놀이가 걱정되면 교사들끼리 이야기를 하고, 반 아이들과 미리 논 다음 유치원과 놀았다. 나들이가 걱정되면 교사들이 미리 해 보고, 반 아이들과도 나들이한 후에 유치원과 나들이를 했다. 교사들은 아이들 모습을 사진 찍는 것만 했지 세세한 계획을 세우거나 결과를 문서로 남기지 않았다. 하지만 유치원 교사들은 놀이와 나들이를 연구하는 전문적학습공동체를 만들어서 교사 연수도 하고, 사진이 들어간 결과물도 만들고, 유·초 연계도 진행하는 강행군을 했다. 그래서 유·초 연계를 통해 알게 된 유치원과 초등의 상황을 비교해 봤다.

　아이들과 밖으로 나갈 때 초등은 쉬는 시간이니 나가 놀라고 하면 끝날 일을 유치원은 옷 입히고 신발 신기에만 최소한 10분이 걸린다고 한다. 특히 남산유치원처럼 시내의 큰 유치원은 학급 아이들 수가 26명이나 되는 데다, 3월은 아직 추워서 아이들이 겨울옷을 입었으니 외투 단추 잠그랴 목도리와 장갑까지 챙겨 주느라 더 오래 걸린 것이다. 안전에 대한 걱정도 유치원이 훨씬 더 심했는데 아이들이 어려서 부모님들의 염려가 더 많기 때문이었다. 이런 조건이다 보니 유치원 교사들은 늘 긴장하고 아이들이 눈에 보이지 않으면 무척 불안해할 수밖에 없었다. 그런 상황에서 학급당 아이들 수는 유치원이 더 많은 편이고, 유치원에서는 아직 문서로 결과를 남기는 관행이 초등에 비해 훨씬 많이 남아 있다는 것도 이번 기회에 새롭게 알게 되었다. 이렇게 유치원과 초등학교는 참 많이 달랐고 이런 차이를 미리 얘기를 안 했으니 오해가 쌓였다. 일 년이 지난 후에야 서로의 처지를 이해하고 걱정해 주면서 마음으로 이어지는 느낌이었다. 유치원의 어려움에 대해서도 서로 이야기를 나눴다.

"유치원은 가장 먼저 어떤 점이 고쳐지면 행복해질까요?"

"학급당 아이들 숫자가 줄면요."

"학급당 몇 명이 적당하다고 생각해요?"

"다섯 살 반은 열 명 정도, 여섯 살은 열다섯 명, 일곱 살은 스무 명이 안 넘으면 좋겠어요."

"그 숫자도 많은 것 아니에요? 난 다섯 살 아이들 열 명을 하루 종일 보라고 하면 못 할 것 같은데요."

"그렇긴 하죠."

이런 조건에서 누리과정의 핵심은 하루 한 시간 바깥놀이를 하고 나들이를 하는 것이다. 도대체 어떻게 교사 한 명이 이 많은 아이들을 감당할 수 있을까? 한 사람이 도저히 감당하지 못할 숫자의 어린 아이들을 한 교실에 몰아넣고 교사들에게만 책임을 떠넘기는 현실이 답답했다.


**선배들이 반겨 주는 학교 방문!**

2017년 12월 4일 '남산유치원 입학 전 학부모 교육'이 있었다. 해마다 일곱 살 반 학부모들에게 초등학교 생활과 궁금해하는 것들에 대해서 알려 주는 자리였는데, 나는 3년째 강사로 초대되었다. 어느 날

문 소장님과 이야기를 하다 초등학교 입학 전 예비 학부모교육에 가는데 유·초 연계를 경험한 학부모들이기에 어떤 반응을 보일지 궁금하고 기대가 된다는 말을 했다. 그러자 문 소장님이 그 자리에 어떤 사람들이 모이고 어떤 내용이 오고 가는지 물었다.

"예비 1학년 학부모들이 오고요. 보통 1학년 담임이 강사로 가서 1학년 교과서도 보여 주고 학부모들이 궁금해하는 걸 대답해 주는 자리예요."

"그럼 그 시간에 유치원 아이들은 뭘 하나요?"

"수업을 받겠죠."

"왜 아이들과 학부모가 따로 교육을 받나요? 함께 초등학교에 가 보면 좋을 텐데……."

그 말에 순간 감탄이 나왔다.

"아, 미처 그 생각을 못했네요. 부모와 아이가 손잡고 초등학교에 가 보면 정말 좋겠네요."

그래서 이 획기적인 계획을 알리기 위해 바로 유치원 연구 선생에게 연락을 했다.

"선생님, 올해 학부모교육은 아이들도 함께해요. 우선 제가 학부모들하고 궁금한 점을 이야기할 때 5학년 아이들이 유치원 동생들을 데리고 학교를 한 바퀴 도는 거예요."

"그렇게 하면 정말 좋겠네요. 아이들이 미리 학교를 가 보면 얼마나 안심이 되겠어요."

유치원이나 어린이집 교사들이 입학 전 일곱 살 아이들을 데리고 학교 방문을 하려면 초등학교의 눈치를 보는 경우가 많다. 그런데 초등학교에서 초대를 하고 선배들이 동생들을 데리고 학교의 구석구석을 알려 준다니 모든 걱정이 사라진다고 좋아했다.

남산초 교사들에게도 입학 전 학교 방문을 유치원 아이와 부모가 함께 온다는 얘기를 했다.

"입학 전 유치원 아이들이 학교 방문할 때 보면 초등학교 겉모습만 보고 가는 경우가 많아요. 올해는 유·초 연계를 한 5학년 아이들이 남산유치원 동생들을 데리고 다니며 학교 방문을 하면 어떨까요?"

"어머, 그럼 좋겠네요."

"우리 아이가 다니는 어린이집도 그러면 좋겠다."

이야기를 들은 초등 교사들은 정말 좋은 생각이라고 누구나 반겼고 유치원 아이들이 학교에 올 때 어떻게 환대할까를 이야기하며 즐거운 수다가 펼쳐졌다.

학교 방문을 하는 날, 유치원 2층 강당에 갔더니 긴장한 표정의 예비 초등 학부모들과 유치원 교사들이 모여 있었고, 강당 옆의 일곱 살 반 교실에서는 담임교사의 말소리와 아이들의 대답소리가 들렸다. 잠시 후 나들이하며 친해진 5학년 아이들이 2층으로 올라오더니 동생들 교실로 들어가서 자기 짝 동생의 손을 잡고 나왔다. 5학년 아이들이 나타나자 활짝 웃으며 얼른 손을 잡고 떠나는 아이들의 뒷모습을 어른들은 흐뭇하게 바라보았다. 아이들이 떠나고 어른들만 남았을 때 부모들에게 아이가 초등학생이 된다고 하니 뭐가 가장 걱정이 되느냐고 물었다. 그러자 부모들이 자연스럽게 속마음을 털어놓았다.

"제일 큰 걱정은 친구관계요. 친구들이랑 잘 지내야 할 텐데……."

"담임선생님이랑 아이가 잘 맞으면 좋겠는데……."

"아직 한글이 서툴러서 걱정이에요."

"큰애 때 보니까 숙제가 너무 많아서 제가 너무 힘들었어요."

부모들이 먼저 속 얘기를 하니 정말 쉽게 이런저런 얘기를 했는데 지난해보다 훨씬 편하게 소통하는 느낌이 들었다. 어느 정도 이야기를 한 후 예비 1학년 부모들이 학교 방문을 시작했다. 초등학교에서는 전체 교사들이 미리 유치원 아이들과 부모들이 오는 걸 알기에 어디를 가도 반갑게 맞아 줬다. 교실, 도서실, 보건실, 교장실 등을 마치 마실 다니듯이 신나게 다녔는데 옆에 든든한 언니, 형이 있기에 가능했다. 아이들과 부모들이 복도에서 만나기도 했는데 유치원 동생들은 엄마를 만나도 손만 흔들 뿐 얼른 선배 손을 잡고 따라갔다. 부모들은 그 모습을 보면서 한결 안심하는 표정이었다. 초등학교를 직접 다니며 시설도 보고 학교의 교육 내용도 듣고 또 어려워만 보이는 교장 선생님을 만나 반갑게 인사를 나누면서 부모들의 얼굴은 점점 환해졌다. 그런데 특이한 것은 이 자리에 참여한 부모 숫자가 다른 해보다 적었다. 다른 해는 전체 졸업생 부모 중에 가능한 분들이 참여를 해서 20~30명 정도가 모였는데, 올해는 남산초등학교를 방문한다고 했더니 다른 학교에 입학하는 아이들의 부모가 거의 오지 않았다고 한다. 그 바람에 52명의 졸업생 중에 10여 명의 부모만 왔다. 나

동생 손잡고 간 도서관

는 유치원은 초등학교와 달리 학구 개념이 없다는 것도 그날 처음 알
게 되었다.

　다시 학교에서 이런 상황을 얘기했다. 충주시 전체 유치원과 어린
이집에 초대장을 보낼 수는 없지만 남산초 학구 내에 있는 유치원들만
이라도 초대하자는 뜻이 모아졌다. 그래서 남산초 학구에 있는 유치원
과 어린이집을 검색해 봤더니 16개가 나왔다. 연락을 하면서 16개 중
8개 어린이집만 일곱 살 반 아이들이 있는 것도 알게 되었다. 임 선생
이 '입학 전 초등학교 초청 계획서와 안내장'을 만들어 공문 기안을
하고, 남산초 학구에 있는 3개의 공립유치원과 11개의 사립유치원
에 교무업무 시스템으로 협조 공문을 보냈다. 유치원에서는 연락을
받자 초등학교에서 이런 연락을 먼저 해 주니 정말 고맙다며 모두 반

가워했다.

12월 26일에 초청장을 받은 아이들 13명과 학부모들이 1학년 교실에 모였다. 아이들 손을 잡고 앉아 있는 부모들에게 물었다.

"초등학교에서 입학 전에 초대한다는 안내장을 받고 어떠셨어요?"

"눈물이 날 뻔했어요."

순간 그 절실한 마음이 느껴졌는지 분위기가 숙연해졌고 내 가슴도 뭉클해졌다. 그 대답의 주인공은 두 아이의 엄마였는데 첫아이가 입학을 하는 거라 아무것도 모르고 걱정만 했다고 한다. 그런데 초등학교에서 먼저 그런 마음을 이해하고 초대장을 보내 줘서 정말 기뻤다고 했다. 그 얘기를 들으며 다른 분들도 고개를 끄덕였다.

그때 5학년 아이들이 동생들을 안내하려고 나타났다.

"학교 구경 잘하고 와. 그동안 부모님들도 학교 구경하고 너희들 기다리며 놀고 있을게."

언니, 형들이 웃으며 손을 잡자 처음엔 굳어 있던 유치원 아이들은 부모님과 따로 떨어져 가는데도 주저하지 않고 따라갔다. 나는 부모님들에게 따로 학교 안내를 했는데 초등학교 생활에 대해 이런저런 걱정을 풀어놓으면 최대한 자세히 알려 드리며 학교를 한 바퀴 돌았다. 그리고 우리 반 교실에 들어가 비석치기를 시작했다. 그때까지 엄마들 틈에서 말없이 다니던 아버지가 한 분 있었다. 여자들 틈에 혼자여서 그런지 묵묵히 걷기만 하더니 비석치기를 시작하자 얼굴에 웃음이 번졌다. 그러고는 비석을 던질 때마다 맞춰서 엄마들의 박

동생아, 우리 뭐 하고 놀까?

동생들과 함께 한 비석치기

수와 탄성이 쏟아졌다. 그러자 흥이 난 아버지가 겉옷을 벗고 제대로 해 보겠다고 의욕을 보여서 모두 크게 웃었다. 한참을 재미있게 놀고 있는데 학교 구경을 마친 아이들이 들어왔다. 부모님들이 비석치기 하는 걸 본 유치원 아이들은 신이 나서 나도 하겠다고 나섰고 놀이의 달인인 5학년 아이들도 가세했다. 교실은 갑자기 아이들과 어른들의 비석치기 판으로 바뀌었다. 한바탕 신나게 논 뒤에 모두가 자리에 앉아서 오늘 느낌을 이야기하는 시간을 가졌다. 이때 유치원 아이들은 자기 손을 잡고 안내해 준 5학년들의 무릎에 앉아 있었다. 쉬는 시간에 한 부모님이 조용히 다가와 내게 말씀하셨다.

"우리 애가 형 무릎 앞에 조용히 앉아 있는 거 보고 깜짝 놀랐어요. 오늘 처음 보는데 어떻게 그럴 수 있죠?"

옆에서 이 말을 들은 다른 부모님도 말했다.

"정말 신기해요. 우리 아이도 낯을 가려서 걱정을 하고 왔는데 이렇게 웃으며 놀 줄 몰랐어요. 정말 안심이 돼요."

남산초에서는 이 두 번의 만남 이후 앞으로의 계획을 의논했는데, 내년부터는 늦어도 11월 중순 전에 '입학 전 학교 방문의 날'을 운영하기로 했다.


### 유·초·중 연계로 맺는 사회적 형제자매를 꿈꾸며

나는 2018년에 남산초 바로 옆 학교인 용산초로 전근을 갔다. 1학년을 담임하겠다고 했더니 학교에서 무척 반기는 기색이었다. 용산초도 1학년 담임을 희망하는 사람이 적어서 고민이었는데 전입자가 희망을 하니 반가웠던 것이다. 입학식 날 보니 우리 반 줄에 낯익은 얼굴들이 군데군데 보였다. 총 24명 중에 4명이 내가 놀이로 만난 남산유치원 졸업생들이었다. 다른 아이들은 잔뜩 굳은 얼굴로 서 있는데 그 아이들은 나를 보며 생글생글 웃었다. 나도 반가워서 아이들과 눈이 마주치면 씩 웃었다. 이 아이들 덕분에 우리 반은 놀이를 할 때 아주 쉬웠다.

입학식 다음 날이었다. 입학식 날은 아이들이 부모님과 함께여서 의지할 데가 있었지만 다음 날은 잔뜩 굳은 표정이었다. 아이들의 긴장을 풀어 주기 위해 놀이부터 시작했다. 놀이를 시작할 때 작년에 함께 놀았던 남산유치원을 졸업한 아이의 이름을 부르며 이야기

동생아, 우리 뭐 하고 놀까?

했다.

"종연아, 작년에 형들이랑 처음 만났을 때 했던 놀이 기억나니?"

갑자기 이름이 불린 종연이가 깜짝 놀라며 얼굴을 번쩍 들었다. 남산유치원을 나온 다른 아이들도 나를 바라보았다. 종연이가 웃으며 반가운 듯이 말했다.

"네, 실꾸리 똘똘이요."

그러자 바로 옆에 있던 서연이도 맞장구를 쳤다.

"맞아요. 우리도 알아요."

"그래, 그럼 실꾸리 똘똘 해 본 사람들 일어나 볼래?"

남산유치원을 나온 네 명이 일어났다. 나와 네 명이 다른 아이들 손을 잡자 열 명이 실꾸리 똘똘을 하게 됐다. 그러자 구경을 하던 다른 아이들도 실꾸리 똘똘을 쉽게 이해했고 금세 따라 했다. 다른 놀이들도 마찬가지였다. 다양한 전래 놀잇감 바구니가 교실에 있지만 놀이 방법을 모르면 재미를 느낄 수가 없다. 그런데 우리 반은 네 명의 아이들이 먼저 놀면서 다른 아이들에도 알려 줘서 큰 어려움 없이 확산되었다. 나는 놀이에 끼지 못하고 혼자 있는 아이와 놀면서 다른 아이들과 어울릴 수 있게 돕는 여유가 생겼다. 이렇게 놀다 보니 입학한 첫 주부터 자유놀이 시간을 주면 아이들이 삼삼오오 어울려서 신나게 노는 놀이판이 벌어졌다. 지난해 유·초 연계를 시작할 때 꿈꿨던 일이 실현된 것이다.

유치원은 정해진 학구가 없어서 남산유치원 졸업생 52명 중에 16명만 남산초로 입학을 했다. 이 16명은 어떻게 지내고 있는지 궁금했다. 지난해 같이 근무했던 남산초 1학년부장에게 전화를 해서 반마다 지난해에 남산유치원을 다닌 아이들이 몇 명씩 있는지 조사 좀 해 달라고 미리 부탁을 하고 찾아갔다.

그날 남산초를 가는데 마치 친정집을 가는 것처럼 발걸음이 가벼웠다. 만나기로 한 1학년 1반에 갔더니 불과 두 달 전에 헤어진 교사들이 마치 이산가족 상봉을 하는 것처럼 반겨 주었다. 그 가운데 올해 청주에서 전근을 온 교사가 있었다. 다른 분들이야 지난해 유·초 다모임을 통해 유·초 연계의 의미를 공유했지만 그 교사는 낯선 상황일 것이라 지난해의 상황을 설명했다. 그리고 올해 입학한 아이들이 어떻게 지내는지 궁금해서 왔다고 하니 그 교사가 환하게 웃으며 말했다.

"우리 반에는 남산유치원을 졸업한 아이가 여섯 명이에요. 명단을 보면서 기분이 좋았어요. 한 명 한 명이 밝고 활기차고 놀이를 잘해요. 어느 날 제가 아이들에게 놀이를 가르쳐 주려고 했는데 방법을 까먹었어요. 그래서 고민하고 있는데 그중 한 아이가 제 옆에 오더니 왜 그러느냐고 묻는 거예요. 그래서 오늘 이 놀이를 하려고 어제 알아 됐는데 놀이 방법이 생각이 안 난다고 했어요. 그랬더니 그 아이가 놀이 이름을 보곤 자기가 안다고 해 보겠다고 하는 거예요. 그날은 그 아이가 교사였어요."

그 교사는 발령이 났을 때 주변 사람들이 모두 남산초는 혁신학교라 힘들 거라고 해서 한껏 걱정을 하며 왔다고 했다. 또 1학년을 맡게 되어 통합교과에 대한 부담감이 컸는데 남산초 전체가 전래놀이를 하고, 학급에 놀이를 할 줄 아는 아이들이 있어서 참 좋다고 했다. 또 김 선생은 아이들이 유·초 연계로 알게 된 선배들을 만나면 엄청 반가워하며 좋아한다고 말했다. 이런 이야기를 들으면서 유·초 연계의 열매가 이곳저곳에서 맺히고 있다는 것을 느낄 수 있었다. 다만 열여섯 명의 아이들이 여덟 개 반에 골고루 가지 않고 어느 반엔 여섯 명이 몰리고 다른 반은 아예 한 명도 없는 것을 알게 되었다. 그래서 내년에는 반 편성을 할 때 유·초 연계를 경험한 아이들을 골고루 넣자는 의견을 나누었다.

해마다 3월엔 중학생이 된 아이들이 초등학교에 온다. 교복은 커서 헐렁하고 가방은 무거워서 어깨가 축 처지는데 무엇보다 안타까운 건 아이들의 얼굴 표정이다. 언뜻 겁먹은 표정으로 어색하게 웃으며 인사를 한다.

"교복 멋있네! 중학교 재미있니?"

반가운 마음에 인사를 건네면 아이들 대부분이 똑같은 말을 한다.

"아니요, 급식도 맛이 없고 수업도 재미없어요."

"선생님, 저희들 초등학교에 다시 오면 안 돼요?"

이런 아이들을 보다 보니 아이들을 졸업시킬 때 뿌듯함보다는 안타까운 마음이 들 때가 많다. 지금은 의젓해 보이는 저 아이들이 추운 겨울이 지나고 중학교 교복을 입게 되면 얼마나 어색하고 힘든 시기를 보내야 할지 알기 때문이다. 초등학교에선 제법 어른스럽고 다 컸다는 느낌이 들고 제 할 일은 다 알아서 한다고 느껴지던 아이들이 중학교에만 가면 어린애 취급을 받고 모든 것을 다시 배우는 처지가 된다. 어깨가 축 처져서 찾아오는 아이들을 보며 측은한 생각을 하다가 유치원 아이들을 보내는 권 선생은 어떤 생각을 하는지 궁금해서 물었다.

"안쓰럽지. 무엇보다 유치원에선 놀이를 많이 하거든. 그런데 초등학교에 가면 거의 놀이를 안 하잖아. 바깥놀이랑 나들이도 거의 매일 했는데 그것도 안 하고. 교실이란 틀, 딱딱한 책상과 의자에 꼼짝없이 앉아 있게 하고 받아쓰기 죽어라 하고……. 그런 것들을 생각하면 참 안됐어."

초등학교든 중학교든 우리 사회는 신입생에게 아주 불친절하다. 그전의 경험을 무시하고 모든 것을 새롭게 강요한다. 그러니 아이들도 학부모도 교사들도 새로운 단계의 성장을 기뻐하는 것이 아니라 불안해한다. 아이들의 성장과정을 듣고, 아이들의 경험을 존중하면서, 아이들 삶의 터전에서 시작하는 배움은 얼마나 쉽고 재미있을까? 이런 문제를 해결하기 위해서 유·초 교사 연계, 초·중 교사 연계가 꼭 필요하다는 생각이 들었다.

# 동생 손잡고 걷는
# 나들이 길

임오규

## 동생도 생기고 같이 놀아서 좋았어요

오늘은 유치원 동생들과 마지막 나들이라고 샘물반 동생들이 우리를 초대했다. 교실로 들어가자 동생들이 손을 흔들며 반갑게 맞이해 주었다. 5학년 우리 반 아이들은 동생들을 무릎에 앉히거나 동생 옆에 바짝 붙어 앉았다.

샘물반 교사가 먼저 일 년 동안 우리 반 아이들을 잘 돌봐 줘서 고맙다고 인사를 하고 그동안의 활동이 담긴 동영상을 보여 주었다. 아이들은 추억이 깃든 장면이 나올 때마다 소리를 지르기도 하고 자기들끼리 두런두런 이야기를 했다.

"야! 귀엽다."

"아, 맞아. 장명루 받고 정철이가 무척 좋아했어."

"개울에서 배 띄울 때 재밌었는데……."

"그때 정말 더워서 짜증 났어."

동영상을 다 보고 샘물반 교사가 동생들이 만들었다며 하트가 그려진 카드를 나누어 주었다. 원영이는 카드를 보며 좋아했고 옆에 있던 하은이도 나에게 카드를 보여 주며 활짝 웃었다. 하은이가 보여 준 카드를 보니 삐뚤삐뚤한 글씨로 '사랑해요'라고 적혀 있었다. 아이들은 동생에게 받은 카드를 친구들에게 서로 보여 주면서 자랑을 했다. 재미있게 놀다 보니 어느덧 헤어질 시간이 되었다. 동생들은 언니, 형들이 간다고 하니까 평소처럼 손을 흔들며 인사를 했다. 하지만 우리 반 아이들은 달랐다. 아쉬워하면서도 유치원을 바로 나가는 아이들도 있었지만 몇몇 아이들은 아예 발걸음을 떼지 못했다. 원영이와 소원이는 동생이 준 카드를 보며 훌쩍훌쩍 울었고 민희는 그 친구들을 옆에서 다독거리고 있었다. 수영이는 동생이 준 카드를 가지고 문밖으로 나갔다가 헤어지기가 아쉬운 듯 다시 들어와 동생을 안아 주었다. 아이들은 우리 교실로 돌아와서도 동생이 준 카드를 만지작거렸다. 동생들과 헤어지는 것을 서운해하는 아이들의 마음이 느껴져서 지금 마음이 어떤지 물어보았다. 잠시 동안 아무도 말을 하지 않다가 수영이가 말문을 열었다.

"새로운 동생을 만나 같이 놀아서 좋았고요. 내 동생과 다른 성격이어서 더 재미있었어요."

"신나게 놀아서 좋았어요. 하지만 다시 못 만난다는 생각을 하니 아쉬워요."

동생과 헤어질 때 많이 울었던 원영이도 진정됐는지 이야기했다.

동생아, 우리 뭐 하고 놀까?

그래서 내가 내년에 샘물반은 여섯 살이 되고 너희들은 6학년이 되니까 유치원에 놀러 가면 언제든지 만날 수 있다고 말하자 굳어 있던 아이들의 얼굴이 다시 환해졌다.

"저는 동생이 없는데 동생도 생기고 같이 놀아서 정말 좋았어요."

유치원 동생들과 첫 나들이를 하고 나서 엄마에게 동생 한 명 낳아 달라던 하은이도 말했다.

"저도 동생은 없고 형만 있잖아요. 제가 집에서 말썽을 많이 피우는데 유치원 동생들도 말썽을 자주 피우잖아요. 그래서 힘들었는데 우리 형도 그런 기분이었을 거 같아요."

"오!"

말썽꾸러기 민규도 한마디 하자 아이들이 감탄을 했다. 아이들의 이야기를 들으니 흐뭇한 마음이 들었다. 내년에도 동생들과 계속 만나고 싶은지 물었더니 대다수 아이들이 좋다고 흔쾌히 대답했다.

"그럼 동생들과 더 재미있게 놀면서 나들이를 하려면 우리들이 뭘 더 준비해야 할까?"

"동생들과 할 수 있는 놀이를 좀 더 알면 좋을 거 같아요."

"인내심이 필요할 거 같아요. 애들이 사방팔방 뛰어다니고 장난칠 때 화도 나는데 화를 내면 애들이 울잖아요."

"체력이 필요해요. 애들이 너무 뛰어다녀서 힘들었어요."

"맞아, 맞아."

체력이 필요하다는 말에 모든 아이들이 폭풍 공감을 하며 웃었다. 한껏 어른스러워진 아이들 이야기를 들으면서 유·초 연계를 처음 시작할 때 유치원 아이들보다 초등학교 아이들이 더 성장할 거라는 마을배움길연구소 문재현 소장님의 말이 실감 났다. 그리고 유·초 연계야말로 사회적 형제자매 관계를 맺는 기반이 될 수 있겠다는 생각과 함께 처음 시작할 때와 시나브로 성장해 가는 아이들의 모습들이 주마등처럼 스쳐 지나갔다.

## 마음을 모아 가는 교사들

'유·초 연계'란 말을 들어 본 적은 있지만 이것은 유치원과 관련된 것이지 초등 교사인 나하고는 상관이 없다고 생각했다. 그러던 중 2016년 9월, 김미자 선생이 시골 작은 학교에서 2학년 아이들을 맡아 병설유치원 아이들과 놀이도 하고 마을 나들이를 했다는 이야기를 듣게 되었다. 형이 동생 손잡고 마을로 나들이 나가는 모습을 영상으로 보았을 때 마치 한 편의 동화를 보는 느낌이 들었고 나도 빨리 해 보고 싶었다. 하지만 바로 실천하지는 못했다. 그때 나는 1학년 담임이었는데 아이들이 아직 어려서 동생들을 돌보며 관계 맺기가 쉽지 않을 것 같았기 때문이다. 그러다가 2017년에 5학년 담임을 맡게 되었고 윤 선생이 남산유치원과 유·초 연계를 함께해 보자고 제안을 했다. 그래서 2월 새학년맞이 연수 때 동학년 교사들에게 유·초 연계에 대한 이야기를 해 보았다.

우리 5학년은 20대 후반의 남교사 강 선생, 김 선생과 여교사 송 선생, 40대 여교사 신 선생과 조 선생, 학년부장인 나까지 모두 6명이었다. 이 가운데 신 선생과 조 선생은 새로 전입해 왔다.

"듣고 보니 유·초 연계를 하면 좋을 거 같은데 제가 우리 반 아이들하고 잘할 수 있을지 걱정돼요."

나의 제안을 다 듣더니 작년에 제대하고 전담을 했던 김 선생이 말했다.

"애들은 너무 걱정하지 않아도 돼요. 지금 5학년들은 3학년 때부터 놀이를 했고 작년에는 나들이도 꾸준히 했어요."

5학년 아이들 상황을 이야기해 주자 조금은 안심을 하는 듯했다.

"작년에 아이들과 놀이와 나들이를 했는데 정말 잘 놀아요. 저도 꽃과 나무들 이름을 잘 몰라 처음 나들이할 때는 힘들었는데 아이들과 같이 공부한다고 생각하니 어렵지 않더라고요. 어린 유치원 동생들과 해서 걱정이 좀 되긴 하지만 할 수는 있을 것 같아요."

작년에 3학년 아이들과 놀이와 나들이 경험이 있는 송 선생이 말했다. 활달한 신 선생도 나들이는 처음이라 쉽진 않겠지만 아이들에게 큰 도움이 될 것 같으니 일단 한번 해 보자고 하며 웃었다. 나는 교사들이 힘들다고 할까 봐 걱정을 많이 했는데 마음이 놓였다.

가벼워진 마음으로 바로 나들이를 해 보자고 했다. 내 제안에 교사들은 좋다고 하며 화단으로 나갔다. 밖으로 나온 교사들은 도란도란 이야기를 나누면서 주변을 살펴보았다. 앙상한 가지와 말라붙은 열매만 남은 나무들만 눈에 띄니 무엇을 봐야 할지 난감해하는 게 보였다. 나무에서 말라비틀어진 열매를 하나 따 교사들에게 보여 주면서 무슨 열매인지 물어보았다. 그러자 교사들도 나무에서 열매를 하나 따더니 손바닥에 놓고 자세히 살펴보았다. 손바닥 위에 씨를 올려놓고 만져 보고 하나를 집어서 입으로 '후우' 불어 보기도 했지만 잘 모르겠는지 고개를 갸우뚱거렸다.

"이 나무는 9월쯤에 흰색, 붉은색 꽃이 펴요."

그래도 생각이 잘 안 나는 모양이다.

"선생님, 꽃이 없으니 알 수가 없네요."

지난해에 나들이를 해 본 송 선생도 영 모르겠다는 표정이다. 교사들을 둘러보며 힌트를 더 주었다.

"피고 지고 또 피어~ 노래도 있어요."

그러자 신 선생이 '아, 무궁화요'라고 바로 대답했다. 목련, 회양목, 주목, 단풍나무 겨울눈과 열매도 보면서 시간 날 때 우리들 먼저 나들이하자는 이야기를 하며 협의실로 돌아와 유·초 연계에 대해 다시 이야기를 이어 갔다. 학년 연구를 맡고 있는 신 선생이 유치원이랑 나들이하는 걸 어느 교과 시간에 하면 좋을지 묻자 송 선생이 이야기했다.

"제가 작년에 나들이할 때는 창체(창의적 체험활동) 시간에 했어요. 유·초 연계는 동생들을 보살피는 거니까 창체 봉사활동 시간으로 해도 될 것 같은데요."

"동생들을 돌보는 거니까 도덕에서 관련 내용을 찾을 수 있을 것 같아요."

"꽃과 나무의 변화 과정을 보는 거니까 과학도 되겠는데요."

"동생들과 나들이한 과정과 느낌을 글로 쓰면 국어 시간에도 할

동생아, 우리 뭐 하고 놀까?

수 있겠어요."

교사들과 나들이와 교과의 연관성을 이야기하다 보니 많은 교과와 연결할 수 있었고 나들이가 통합교육의 중요한 바탕이 된다는 것도 확인했다.

유치원 6개 반과 5학년 6개 반을 어떻게 연결하면 좋을지도 상의했는데, 연계에 많은 부담을 느낄 젊은 교사들 먼저 편한 반을 선택하자는 조 선생의 제안에 모두 동의를 했다. 그래서 젊은 교사들부터 일곱 살 반, 여섯 살 반, 다섯 살 반을 차례로 맡았고 나는 다섯 살 반인 샘물반을 맡았다. 유치원과는 한 달에 한 번씩 같은 요일에 만나기로 했다. 그래야 전담 시간도 조정할 수 있기 때문이다. 만나는 시간은 유치원 등원 시간과 점심시간을 고려해서 2·3교시에 만나기로 했다. 이렇게 동학년 교사들과 신나게 이야기를 하다 보니 벌써 유·초 연계를 시작한 느낌이었다.

## 설렘 반, 걱정 반

우리 반은 남자 14명, 여자 13명 모두 27명이다. 개학 첫날 운동장에 나가 달팽이진 놀이를 하는데 굳이 내가 개입하지 않아도 서로 이야기하더니 남자 대 여자로 편을 나누어 신나게 놀았다. 쉬는 시간이면 교실 안에서도 몇 명씩 모여 딱지, 공기, 비석 등 놀이 바구니에 있는 것을 갖고 놀았는데 3월 내내 놀이를 알려 줘야 하는 1학년과는 다른 모습이었다. 나랑 같이 아침 나들이를 하는 아이들도 점점 늘어났

다. 양지바른 곳의 돌 틈에 핀 꽃다지와 냉이 꽃을 보면 아이들은 '이
야' 하며 감탄을 했고 휴대폰으로 사진을 찍어 교실에 있는 친구들에
게 보여 주기도 했다. 자연과 친구가 되어 가는 모습을 보면서 남산
유치원 동생들과도 함께 하면 좋지 않을까라고 아이들에게 제안을
했다. 그러자 세원이가 자기도 남산유치원 나왔다며 관심을 보였고
다른 아이들도 좋다는 반응을 보였다. 아이들에게 유치원 동생들 만
나면 어떻게 해 줄지 물어보자 대부분의 아이들이 '잘해 줄 거예요',
'잘 돌봐 줄 거예요'라며 기대감을 보였다. 그래도 유치원 동생들과
나들이하는 게 걱정되는 친구들은 없느냐고 물어보자 창민이가 작
은 목소리로 대답을 했다.

"동생이 저를 잘 안 따라오면 어떡해요?"

처음 만나는 짝꿍 동생이 싫어할까 봐 걱정되는 모양이다.

"저도 우리 말 잘 안 듣고 자기 멋대로 할까 봐 걱정돼요."

"동생 손잡고 가는데 울면 어떡하죠?"

창민이의 말을 듣자 다른 아이들도 자기 생각을 이야기했다. 그럴
땐 어떻게 하면 좋을지 다시 물어보았다. 잠시 생각하던 아이들이 자
기 생각을 말했다.

"그럴 때는 동생을 안아 주거나 잘 타일러 주면 돼요."

"말 안 듣는다고 억지로 끌고 가지 않아요."

"무엇을 하고 싶은지 물어보고 기다려 줘요."

친구들의 이야기에 다른 아이들도 고개를 끄덕였다. 우리 반 아이
들이 생각한 것들을 동학년 교사들과 나눠야겠다는 마음이 들어 방

동생아, 우리 뭐 하고 놀까?

과 후에 이야기를 했다.

"걱정되는 것을 먼저 이야기하는 게 정말 필요한 것 같아요. 저도 어떻게 준비해야 할지 고민만 했지 아이들의 목소리를 듣는다는 생각은 못 해 봤네요. 바로 이야기해야겠어요."

김 선생 말에 동학년 교사들도 유·초 연계를 시작하기 전에 아이들과 걱정과 기대감, 어떻게 준비할지 함께 이야기를 나누어 보겠다고 했다.


## 첫 만남, 동생이 생겼어요

3월 21일 유·초 연계 첫날이다. 첫 만남은 5학년 교실에서 하자고 했다. 왜냐하면 유치원 6개 반과 5학년 6개 반 인원이 300명 가까이 되는데 유치원 교실에서 한꺼번에 만나기엔 좁았기 때문이다. 5학년 아이들은 아침부터 들떠 있었다. 출근하는 나를 보자마자 하은이가 유치원 동생들이 언제 오느냐고 물었다. 10시쯤 올 거라고 말하자 옆에 있던 아이들도 몇 명이 오는지, 여자는 몇 명인지 질문이 쏟아졌다. 그때 준석이가 안경을 올리며 말했다.

"동생들과 짝꿍은 어떻게 맺을 거예요?"

"준석아, 너는 어떻게 하면 좋겠어?"

"저는요. 음⋯⋯. 그냥 남자는 남자랑, 여자는 여자랑 짝꿍을 했으면 좋겠어요."

"좋은 방법이네. 다른 사람들 생각은 어때?"

다들 좋다고 하는데 그동안 별말을 안 하던 윤호가 유치원 동생과 꼭 짝꿍을 해야 되느냐고 물었다. 생각지 못한 물음이어서 좀 당황스러웠다.

"왜? 뭐 걱정되는 게 있어?"

"아니요. 그냥 하기 싫어요."

윤호는 자기 생각을 잘 표현하지 않고 수업 시간에도 발표를 시킬 때만 조그만 목소리로 말을 하는 아이다. 그동안 유치원과 나들이 이야기할 때 가만히 있었지만 부담이 꽤 컸던 것 같다. 그래서 윤호처럼 짝꿍 하기 싫은 사람이 있는가 물었더니 두 명이 더 있었다. 그 아이들은 친구들이 동생들과 나들이하는 것을 보다가 할 수 있겠다 싶은 마음이 들었을 때 짝꿍을 정하기로 했다. 동생들 만나기 전에 이야기해 준 것이 정말 다행이다 싶고 고마웠다. 생각해 보니 아이들이 힘들어하는 것을 제대로 듣지 않았던 것 같아서 미안한 마음이 들었다.

이렇게 짝꿍 정하는 이야기를 하고 있는데 계단 쪽에서 웅성거리는 소리가 들렸다. 아이들이 잔뜩 기대하며 출입문 쪽을 쳐다보았는데 유치원 아이들이 우리 교실을 지나쳐 다른 반으로 갔다.

"에이……."

실망한 목소리들이 교실 여기저기서 터져 나왔지만 아이들은 복도 쪽을 계속 보고 있었다. 조금 있으니까 교실 앞 출입문에서 똑똑하는 소리가 났다. 교실은 숨죽인 듯 조용했고 아이들 눈동자는 출입문 쪽에 집중되었다. 앞문을 열어 주니 초롱초롱한 눈망울을 한 유치원 아이들이 우리 교실로 쏘옥 들어왔다.

"야!"

함성과 박수가 터졌다. 책상 위로 올라가서 손을 흔드는 아이도 있었다. 5학년 아이들의 열렬한 환대와는 달리 유치원 동생들은 많이 긴장한 모습이었다. 친구들 손을 꼭 잡고 있지만 칠판 쪽으로 몸을 기대는 아이도 있고 어디를 봐야 할지 몰라 고개를 푹 숙이는 아이도 있었다. 두 명은 불안한지 샘물반 교사 뒤로 숨었다. 어색한 분위기를 달래 주어야겠다는 생각이 들었다.

"얘들아, 너희들이 나와서 동생들하고 인사해야지."

내 말이 끝나자마자 뒤쪽에 앉아 있던 원영이와 하은이, 지훈이가 빠른 걸음으로 나왔다. 하은이가 먼저 앞줄에 있던 동생을 보며 인사를 했다.

"안녕! 언니랑 짝꿍 할래?"

하은이는 동생 손을 잡고 자기 자리로 들어갔다. 원영이는 동생을 의자에 앉히고 자기는 무릎을 꿇어 동생 눈을 보며 재잘재잘 이야기를 했다. 다른 아이들도 짝꿍 동생들 손을 잡고 자기 자리로 갔다. 맨 마지막에 나온 원일이와 현정이는 동생과 짝을 맺지 못했다. 샘물반 교사 손을 꼭 잡고 있던 아이들이 여전히 선생 뒤로 숨었기 때문이다. 예상치 못한 상황이었다. 그러자 샘물반 교사가 바로 새로운 제안을 했다.

"이 동생들은 오늘 너희들과 짝꿍 맺기가 힘들 거 같으니까 내가 데리고 다닐게. 너희들도 나랑 같이 다닐래?"

**첫 나들이**

　원일이와 현정이도 좋다고 했다. 미리 아이들 정보를 나누고 짝 맺는 과정을 계획했으면 좋았을 걸 하는 아쉬움이 들었다. 짝을 다 정하고 교실을 둘러보니 무슨 이야기를 하는지 잘 들리지는 않지만 아이들은 동생들에게 무언가를 계속 이야기하고 있었다. 의자가 커서 두 다리가 공중에 떠 있는 아이도 있고 두 눈만 깜빡이며 언니를 쳐다보는 아이도 있었다.

　바로 나들이를 하러 교실 밖으로 나갔다. 바깥 날씨는 쌀쌀했지만 바람은 불지 않았다. 무궁화 나뭇가지에 예쁘게 지어진 새집을 보여 주려고 동생을 안아 주는 준석이, 동생들 눈높이에 맞춰 허리를 굽혀 이야기를 나누는 연수, 동생 양손을 잡아 하늘 높이 날려 주는 도영 이와 하은이, 나들이하다가 운동기구에 앉아 노는 동생을 기다려 주는 규원이, 동생 발걸음에 발 맞춰 가는 윤원이, 무동을 태워 주는 민규, 동생 힘들다고 업어 주는 윤규. 모두들 선배 노릇을 멋지게 하고 있었다. 동생들 얼굴엔 웃음꽃이 폈다.

나들이가 끝나고 우리 교실로 돌아와서 아이들에게 힘든 일은 없었는지 물어보았다.

"조금 힘들었지만 처음 보는 동생이 잘 따라 줘서 정말 기분이 좋았어요."

하은이가 신난 듯 먼저 이야기했다.

"아까 수찬이가 넘어지려고 해서 제가 뒤를 받쳐 주다가 저도 넘어졌거든요. 좀 아팠는데 수찬이가 고맙다고 해서 기분이 좋아졌어요."

의준이도 웃는 얼굴로 거들었다.

"나들이하는데 갑자기 태호가 운동장으로 막 뛰어가더라고요. 그래서 잡으러 다니느라 무척 힘들었어요. 유치원 애들은 왜 이렇게 잘 뛰어다녀요?"

민규가 이마에 땀 닦는 시늉을 하며 말하자 교실은 웃음바다가 되었다.

"진짜 힘들었겠다. 그래도 민규니까 체력이 돼서 뛰어다닐 수 있는 거야."

"맞아요."

반 친구들이 모두 맞장구를 쳐 주자 민규는 뿌듯한 표정을 지으며 웃었다. 기대와 걱정이 섞였던 첫 나들이를 무사히 마쳤다.

그다음 날 아침, 교실로 가는데 연수가 나에게 뛰어오며 오늘 아침에 희은이를 만났다고 두 손을 번쩍 흔들며 말했다. 연수에게 희은이가 누구냐고 묻자 어제 만난 유치원 동생이라고 했다.

"어, 정말? 어디서 만났는데?"

"우리 집 앞에서요. 희은이가 우리 집 옆 라인에 살더라고요. 아침에 등교하려고 현관문을 나오는데 엄마 손잡고 나온 희은이를 만났어요. 희은이가 나를 보고 웃으며 손을 흔들었어요."

기분이 어땠냐고 물어보니 짱 좋았다고 하며 친동생 같은 생각이 들었다고 했다. 연수는 학교에서 가까운 거리에 있는 연립에 산다. 열 가구 정도가 사는 작은 연립이라 조금만 관심 가지면 옆집에 누가 사는지 다 알 수 있을 텐데 이제껏 희은이를 한 번도 못 봤다고 했다. 그런데 단 한 번의 만남으로 이웃이 생긴 것이다.


## 봄이 주는 선물

두 번째 나들이부터는 관계를 맺은 반별로 각자 연락을 해 만나기로 했다. 첫 만남이 있던 날 300명 가까운 아이들이 한꺼번에 나들이를 하니 서로 겹치고 어수선해 깊은 관계를 맺는 것이 어렵다는 평가가 나왔기 때문이다. 나들이하기 일주일 전에 샘물반 교사가 문자로 이번 달 나들이는 유치원에서 만나면 어떻겠냐는 연락이 와서 좋다고 했다.

오늘 나들이는 유치원 앞마당에서 루페로 여러 가지 사물들을 살펴보기로 했다. 날씨가 많이 따뜻해지니 햇빛이 잘 드는 유치원 마당에 작은 풀꽃들이 많이 피어 있었다. 지난 달 만났을 땐 교사 뒤에 숨던 아이도 언니와 형의 손을 잡고 유치원 앞마당으로 나갔다. 두 번째 만나니 좀 익숙해진 모양이다.

루페로 무언가를 보던 은비가 동생을 불렀다.

"병기야, 이리 와서 이거 봐 봐."

누나가 부르는 소리에 병기가 누나 옆으로 갔다. 은비가 말한 곳에는 노랗고 예쁜 꽃이 있었다. 민들레였다. 병기는 누나 옆에 쪼그리고 앉아 꽃을 요리조리 보았다. 소원이는 보도블록 틈에 루페를 대고 동생에게 보여 주었다.

"은채야, 여기 벌레 있어."

신기한 듯 루페 속을 뚫어지게 보던 은채가 물었다.

"언니, 이게 뭐야?"

"그건 공벌레야. 공처럼 동글동글 말아서 공벌레라고 하는 거야."

고개를 끄덕이는 은채를 보며 나도 궁금해서 공벌레를 보았다. 두 번째 만남이어서인지 동생들과 나들이하는 모습이 더 자유롭고 여유 있어 보였다. 세원이는 모래밭에서 소꿉장난하는 아이들을 옆에서 지켜보고 있고, 윤규는 학교 울타리 밖에 핀 복숭아꽃을 보여 주기 위해 동생을 업고 있었다. 원일이는 떨어진 목련나무 꽃으로 동생에게 풍선 부는 방법을 보여 주고, 몇몇 아이들은 모래밭에 삼삼오오 모여 동생들과 모래놀이를 했다. 그 사이에 영서도 보였다.

영서는 특수반 아이다. 기분 좋을 땐 내 옆에서 재잘재잘 말도 잘하고 방과 후 시간에 만든 음식도 접시에 예쁘게 담아 내 책상에 슬며시 갖다 놓는 아이다. 하지만 평상시에는 조용하고 친한 친구 한 명한테만 기대고 놀이에도 잘 참여하지 않는다. 기분이 좀 상하면 아무 말도 하지 않고 가끔은 교실 구석에서 울기도 한다. 그래서 나들이 계획 세울 때 걱정이 되어 친한 현정이랑 짝꿍을 지어 주었다. 그런 영서가 현정이도 없이 혼자 동생이랑 모래놀이를 하고 있었다. 가까이 가면 방해될 것 같아 조금 떨어져서 보았는데 영서는 동생 얼굴을 보며 계속 이야기하고 있고, 동생은 모래를 만지작거리면서도 언니 얼굴을 보며 고개를 끄덕이고 있었다. 친구들이랑 있을 때는 한 번도 본 적이 없는 모습이다. 동생을 잘 돌보는 영서가 정말 의젓해 보였다.

**공벌레를 찾아라**

동생아, 우리 뭐 하고 놀까?

나들이를 끝내고 교실로 들어와서 오늘 나들이가 어땠는지 물어보았다.

"뭐든지 신기해하고요. 잘 물어봐요. 루페로 나무 틈 사이를 보여 주었는데 '이야, 이야' 했어요."

소원이가 흥분하며 말했다.

"루페 보는 거 처음엔 흥미 없어 했는데 계속 보여 주니까 혼자서 계속 보고 싶어 했어요."

경아도 소원이 이야기에 맞장구치고 웃으며 이야기했다.

창민이는 유치원 교실에 처음 들어가 봤는데 신기하고 재밌게 놀 것들이 많았다고 했다. 다른 아이들도 구역마다 놀잇감, 교구, 그림 도구들이 있어서 좋았다고 했다. '유치원에 한 번 더 가 볼까'라는 내 말에 모두가 환호성을 질렀는데 팔을 책상에 펼치고 엎드려 있던 의준이가 느리게 말했다.

"나들이 안 하고 자꾸 뛰어다녀서 좀 힘들었어요."

그 말에 아이들이 웃자 의준이도 씨익 웃었다.


## 이럴 땐 힘들었어요

세 번째 나들이는 두 달 만에 하게 되었다. 그동안 황사와 미세먼지가 심해 나들이를 할 수 없었기 때문이다. 한 달이 넘어가자 우리 반 아이들은 동생들 언제 만나느냐고 계속 물었다. 유치원 아이들도 날마다 우리 반 아이들을 언제 보느냐고 물어보았다고 했다.

특히 유치원 동생 만날 날을 손꼽아 기다린 아이는 민규였다. 민규는 남 얘기를 잘 안 듣고 제멋대로 할 때도 많아 동생들을 잘 돌볼 수 있을지 걱정되던 아이다. 그런 민규가 유치원 동생을 끔찍이도 예뻐한다. 동생이 자기 맘대로 해도 웃으며 기다려 주고 힘들어하면 업어 주기도 한다. 누가 조금만 툭 건드려도 잘 참지 못하는 아이인데 동생들과 놀 때는 순한 양이 된다. 친구들도 민규가 많이 달라졌다고 말했다. 민규가 성장하는 모습을 보면서 내가 민규에 대해 가졌던 편견을 돌아보는 계기가 됐다. 수업 시간에 본 민규의 말과 행동, 학습 태도로 민규를 판단하여 좀 더 성장할 수 있는 다양한 지점을 보지 못했기 때문이다.

그런 민규가 동생을 유달리 기다린 까닭은 팔찌를 주고 싶었기 때문이었다. 단오를 앞두고 장명루를 만들었는데, 민규가 동생 준다며 하나를 더 만들었다. 덕분에 다른 아이들도 민규를 따라 동생들 팔찌를 만들었다. 세 번째 나들이 날 우리 반 아이들은 동생들을 보자마자 장명루를 손목에 걸어 주었다. 유치원 아이들은 장명루를 신기한 듯 쳐다보고 손으로 만지작거리면서 기분이 좋은지 얼굴엔 웃음꽃이 폈다.

오늘 나들이는 논에서 시작했다. 지난주에 우리 학교 아이들이 빨간 고무통에 모내기를 해서 20여개 넘는 작은 논들이 현관 앞에 있었다. 논 주위로 가자마자 쪼그려 앉아서 모를 자세히 들여다보며 만져 보았다. 모를 세게 만지는 동생들을 보자 창민이가 깜짝 놀라서 말했다.

동생아, 우리 뭐 하고 놀까?

"이거 세게 만지면 안 돼. 잘못하면 뽑히는데 그러면 얘는 죽어."

모가 죽는다는 말에 동생이 깜짝 놀라며 얼른 손을 뗐다. 옆에선 주은이가 손을 잡고 있던 수영이에게 모를 가리키며 물었다.

"근데 이게 뭐야?"

수영이가 차분하게 알려 주었다.

"이건 모야. 우리가 저번에 심은 거야. 이게 자라면 쌀이 되는 거야."

동생들에게 알려 주면서 배움도 깊어졌다. 조금 있으니 아이들이 운동장으로 하나둘씩 달려 나가 바로 '무궁화 꽃이 피었습니다'를 시작했다. 규원이가 맨 처음 술래를 하고 다른 아이들은 동생들과 손을 잡고 하는데 동생들은 아직 놀이규칙을 잘 모르는 것 같았다. 손을 뿌리치고 무조건 앞으로 달려가는 아이, 출발선에서 한 발짝도 못 나오는 아이, 움직여서 걸렸는데도 안 움직였다고 우기는 아이, 서로 술래 하겠다고 떼쓰는 아이. 우리 반 아이들은 여기저기 쫓아다니며 힘들어했지만 짜증 내지 않고 동생들 마음을 잘 달래 주었다. 나들이를 할 때마다 한 뼘씩 자라는 아이들의 모습이 보였다.

몇몇 아이들은 동생들과 나들이하거나 노는 모습이 적극적이지 않고 동생들이 어디에 있는지 찾지도 않고 자기들끼리 모여 수다를 떨고 있었다. 그래서 옆으로 슬쩍 가서 짝꿍 동생은 어디 있느냐고 물으면서 동생과 같이 있으라는 뜻을 비쳤다. 나들이가 끝난 다음에 교실로 들어와 아이들에게 짝꿍 동생을 잘 챙기지 않는 아이들이 있는데 무슨 문제가 있는지 물어보았다. 도영이는 성호가 자꾸 때리고 똥침을 해서 화가 난다고 했고, 창민이는 짝꿍 동생 정철이가 아무 말도 안 해 무엇을 원하는지 몰라 속상하다고 말했다. 다른 아이들도 동생들이 가끔 심하게 장난칠 때가 있어 기분 나쁘다는 이야기를 했다. 5학년 아이들의 말과 행동이 동생들에게 미칠 영향만 생각했지 동생들의 말과 행동으로 우리 반 아이들이 상처받고 힘들 수 있겠다는 생각은 전혀 못했다. 아이들에게 샘물반 교사와 이런 사정을 이야기해 보겠다고 하고서 오후에 전화를 걸었다.

"선생님, 유치원 아이들이 우리 반 아이들을 만날 때 힘들어하는 것은 없었나요?"

"네. 없어요. 아이들은 언니, 형들 만날 생각에 들떠 있어요. 지난번 미세먼지 때문에 못 만났을 때는 정말 아쉬워했어요."

**이게 자라면 벼가 돼**

동생아, 우리 뭐 하고 놀까?

"아, 다행이네요. 그런데 오늘 우리 반 아이들하고 이야기 나누어 봤는데 몇몇 아이들이 동생들하고 함께 노는 걸 힘들어하네요."

"네? 어떤 걸 힘들어하는데요?"

샘물반 교사가 깜짝 놀라며 물었다. 그래서 아이들이 힘들어하는 상황을 이야기해 주었다. 그러자 샘물반 교사는 아이들 마음을 이해해 주며 이야기했다.

"아, 그래요. 아이들이 많이 속상했겠어요. 저도 성호랑 정철이하고 이야기할게요. 5학년들도 동생이 심하게 까불거나 장난치면 하지 말라고 이야기하라고 해 주세요."

다음 날 샘물반 교사하고 나눈 이야기를 들려주니 아이들이 좋아했다. 유·초 연계를 꾸준히 이어 나가려면 서로가 힘들어하는 것을 솔직히 이야기하고 해결 방법을 찾는 과정이 꼭 필요하다고 느꼈다.


## 언니 손잡고 마을로 나가요

7월이 되니 날이 푹푹 쪄서 나들이하기가 점점 힘들어졌다. 동학년 협의회 때 교사들 이야기를 들어 보니 반반이었는데, 신 선생이 아이들이 무척 기대를 하고 있으니 이번엔 그냥 진행하자고 해서 다들 그러기로 했다. 그동안은 학교 안에서 하는 나들이였는데 이번엔 학교 밖으로 나가 '충주천' 나들이를 하기로 했다. 충주천은 충주를 남북으로 가로지르는 하천인데 폭이 3미터 정도 되고 비 온 뒤에는 물이 많고 깨끗해져 물놀이도 할 수 있다. 학교 밖으로 나가는 첫 나들이라 먼저 동학년 교사들과 나들이할 길을 살피러 나갔다. 충주천까지 가는 길에 위험 요소는 없는지, 무엇을 볼 수 있는지, 하천 길은 어떻게 연결되어 있는지 등을 꼼꼼히 살피면서 안전에 가장 많이 신경 썼다. 그리고 아이들과는 충주천 나들이 때 물놀이는 힘들고 종이배를 띄우기로 했다.

나들이하는 날은 아침부터 무척 더웠다. 종이배를 접으며 오늘 가장 조심해야 할 것이 뭐냐고 물으니까 눈치 빠른 규원이가 얼른 대답을 했다.

"아, 찻길이요. 걱정 마세요. 우리가 동생들 손 꼭 잡고 갈게요."

다른 아이들도 걱정하지 말라고 했다. 충주천을 갈 때 5학년 아이들은 동생들을 갓길로 걷게 했고 하천 길 아래로 내려갈 때는 동생 손을 꼭 잡아 주었다. 손에 들고 있는 종이배를 띄우는데 물에 빠질까 봐 무서워하는 유치원 아이들은 종이배를 그냥 던졌지만 몸을 바짝 굽혀서 물에 띄우는 아이도 있었다. 물 위를 떠다니던 종이배들이 풀숲에 걸릴 때는 안타까워하다가도 물살을 가로지르며 내려갈 때는 환호성을 지르며 기뻐했다.

"선생님, 배가 침몰했어요."

배가 가라앉자 장난꾸러기 원일이가 크게 말하며 웃었다.

"야, 우리 배들은 모두 잠수함이야."

의준이가 재치 있게 대답을 하자 여기저기서 웃는 소리가 들렸다. 배를 띄우고 나서 충주천을 따라 걸으면서 개망초, 민들레, 냉이, 곤충의 애벌레 등을 보았다. 날이 덥고 지쳐서인지 대부분 아이들이 관

동생아, 우리 뭐 하고 놀까?

심이 없었지만 유치원 정철이의 표정은 달랐다. 애벌레를 보더니 만지고 싶다며 내게 오른손을 내미는데 왼손은 형 손을 꼭 잡고 있었다. 애벌레를 손바닥에 받은 정철이는 이리저리 살펴보며 신기해하는데 세상을 다 가진 표정이었다. 나중에 샘물반 교사에게 들으니 정철이는 집에 가서 엄마에게 애벌레 본 일을 신나게 말했다고 한다. 그 모습이 상상이 돼서 웃음이 절로 나왔다. 오늘 종이배 띄운 애벌레를 본 충주천은 정철이에게 특별한 곳이 될 것 같다. 그곳을 지날 때마다 생각나지 않을까. 정철이뿐 아니라 언니, 형, 누나들과 손잡고 종이배를 띄운 충주천은 샘물반 아이들에게 의미 있는 장소이면서 또한 추억의 장소가 될 것 같았다.

오후에 유치원 동생들도 많이 힘들었을 것 같아 샘물반 교사에게 전화를 걸었다.

"선생님, 오늘 힘들지 않으셨어요? 아이들도 많이 지쳤을 텐데요."

"네. 날이 더워 많이 힘들었어요. 그런데 오늘 종이배 띄운 것은 정말 재밌었다고 하네요. 5학년들하고 손잡고 가니까 학교 밖으로 나가지 저희끼리는 엄두도 못 냈을 거예요. 동생들 데리고 나들이하느라 고생했고 고맙다는 말 아이들에게 꼭 전해 주세요."

샘물반 교사 말에서 아이들에 대한 고마운 마음이 느껴졌다. 유치원 누리과정 3년과 초등학교 1, 2학년 배움길 2년을 더하면 모두 5년 동안 내가 사는 마을을 탐색하며 배우도록 되어 있다. 그런데 학교 밖으로 나가려고 하면 '안전'이 가장 큰 걱정이라서, 많은 교사들이 교실에서 마을을 가르치고 있다. 그도 그럴 것이 교사 한두 명이

저도 만져 볼래요

20명 넘는 아이들을 학교 밖으로 데리고 나가기란 쉬운 일이 아니기 때문이다. 하지만 초등학교 아이들과 손을 잡고 마을로 함께 간다면 교사도 아이도 안심하고 서로 탐색하는 즐거운 배움길이 되지 않을까.

## 여름방학에도 만나요

여름방학을 앞두고 찌는 듯한 더위가 이어졌다. 초등학교는 방학이지만 남산유치원은 방학에도 54명이 등원한다고 했다. 윤 선생과 나는 방학 동안 두 반이 유치원 아이들과 일주일에 한 번씩 놀아주면 어떨까 하고 이야기를 나누었다. 다음 날 그 이야기를 했더니 더위에

동생아, 우리 뭐 하고 놀까?

축 늘어져 있던 아이들이 눈을 반짝이며 관심을 보였다. 무슨 요일에 놀지, 언제부터 할지 등 쉴 새 없이 물어봐서 가장 많이 나올 수 있는 날로 하면 좋겠다고 했다. 14명의 아이들이 금요일에 참여할 수 있다고 했고 이튿날 하은이와 의준이도 학원 시간을 조정했다고 해서 모두 16명이 되었다. 우리 반이 준비가 돼서 2학년 윤 선생 반 상황을 물어봤더니 뜻밖의 반응이 나왔다고 했다. 아무도 신청하지 않아서 아이스크림을 사 준다고 했는데도 모두 싫다고 했다는 것이다. 두 반의 반응을 보며 내리사랑은 나이 차이가 좀 있어야 되는 건가라는 생각을 했다. 그래서 이번 여름방학에는 우리 반 아이들만 매주 금요일에 유치원 동생들과 놀기로 했다. 만나는 시간을 유치원에 미리 물었더니 아이들이 가장 지쳐 있고 힘들어하는 오후 2시부터 4시까지면 좋겠다고 했다.

　놀이하는 첫날, 우리 반 아이들하고 유치원 앞마당에서 만났다. 내리쬐는 햇볕에 아이들의 얼굴이 벌겋게 달아올랐는데도 환하게 웃으며 나타났다. 10여 명의 아이들과 유치원 강당으로 올라가니 텅 빈 강당은 미리 켜 놓은 에어컨 덕분에 무척 시원했다. 아이들은 환호성을 지르며 바닥에 눕기도 하고 천국이 따로 없다며 좋아했다. 그렇게 잠시 기다리니 재잘거리는 소리가 들렸고 바로 유치원 동생들이 올라왔다. 그동안 우리 반은 다섯 살 샘물반만 만났는데 키가 들쭉날쭉한 혼합 연령반을 보니 신기했다. 샘물반 동생들은 5학년들을 보자 손을 흔들며 반가워했지만 처음 만난 아이들은 낯설었는지 교사의 손을 꼭 잡고 놓지 않았다. 교사들이 아이들을 달래며 선배들과 재미있게 놀자고 설득을 했다. 윤 선생이 5학년과 동생들을 섞어서 손을 잡게 한 다음 두 줄을 만들어 꼬리잡기부터 했다. 언니, 형 뒤에 매달려서 소리를 지르며 한바탕 뛰더니 긴장했던 표정은 어디론가 사라졌다. 뒤이어 '어디까지 왔니?'를 할 때는 목소리도 훨씬 커졌다.

어디까지 왔니?
우물까지 왔다.
어디까지 왔니?
당당 멀었다.

처음에는 선배가 앞에 서고 동생들이 뒤따라가며 노래를 불렀는데 시간이 좀 지나니 동생들이 선배들을 끌고 다녔다. 가장 신이 난 것은 강강술래였다. 다 함께 손을 잡고 둥글게 돌다가 남생이 놀이에 맞춰 어깨춤을 추면서 신명이 올랐다. 선배들이 만든 대문을 지나는 동생들의 얼굴은 환한 해님 같았다. 처음 만났을 때는 어색해했지만 놀다 보니 2시간이 금방 지나갔다. 계속 뛰어다니는 유치원 동생들과 달리 5학년 아이들의 얼굴엔 피곤함이 묻어났다. 다음 주에 또 만나자는 인사를 하고 동생들은 교실로 내려갔다. 동생들이 사라지자 우리 반 아이들은 강당바닥에 쓰러졌다. 민규는 동생이 자기한테만 달라붙었다고 혀를 내밀었고, 얌전한 인선이도 동생들을 따라다니느라 힘들었다고 했지만 얼굴은 웃고 있었다. 그 모습을 보면서 안쓰럽기도 하고 대견하기도 해서 물었다.

동생아, 우리 뭐 하고 놀까?

"방학에 집에서 쉬고 싶었을 텐데 동생들이랑 왜 같이 논다고 했어?"

누워 있던 규원이가 씨익 웃으면서 말했다.

"집에 있으면 가만있어도 덥고 어차피 더운 거 동생들이랑 놀아주려고요."

그러자 의준이도 이야기를 했다.

"동생들하고 놀 땐 엄마가 학원 빠져도 된다고 해서요."

부모님께서 유·초 연계를 적극 지지해 주는 모습에 가슴이 찡했다. 아이들의 자발적인 참여와 어른들의 응원 덕분에 방학 중 동생들과의 놀이는 4주 동안 이어졌다.

그다음 주에는 우리 반 아이들이 더 많이 나왔고 동생들도 활력

대문놀이

이 넘쳤다. 첫 만남에서 힘들다고 했던 민규는 매번 말로는 힘들다고 했지만 누구보다 동생들과 잘 놀았다. 긴 방학 동안 유치원에 등원해야 하는 동생들에게 5학년 아이들과의 만남은 한줄기 소나기 같지 않았을까.

## 나마리 동동 파리 동동

2학기가 시작되었다. 첫 일주일은 친구사랑 주간을 운영하면서 놀이하고 관계도 회복하고 학급 규칙도 새로 다듬었다. 그리고 다음 주에 유치원 동생들과 나들이 계획이 있어 아이들과 이야기를 나누어 보았다. 점심 먹고 나른한 시간이었지만 동생들 만날 이야기를 하자 장난을 치던 아이들도 몸을 돌리며 관심을 보였다. 1학기에 한 일들을 물어보자 한 달 가까이 못 봐 많이 잊어버렸을 거라 생각했는데 대부분 다 기억하고 있었다. 그래서 2학기 첫 나들이에 동생들하고 뭐 하며 놀고 싶은지 물어보았더니 종이비행기를 접어서 날리자고 하는 아이들이 많았다. 아마 1학기 때 종이배를 접어 충주천에 띄워 보낸 추억이 종이비행기를 떠올리게 했나 보다.

　나들이하는 날 하늘은 아주 맑았다. 아침부터 종이비행기를 접느라 교실은 시끌벅적했다. 교실 앞쪽에서 뒤쪽으로 날리며 비행기 날개를 손질하는 아이들도 있었다. 동생들이 우리 교실로 오자 종이비행기를 짝꿍 동생들에게 건네주며 저마다 반가운 인사를 나누었다. 동생들도 비행기를 받자 언니, 형의 얼굴과 비행기를 번갈아 보며 환하게 웃었다. 수영이는 종이비행기를 건네주면서 동생에게 신신당부를 했다.

"이거 요렇게 잘 들고 있어야 돼, 구겨지면 못 날려. 알았지?"

동생은 비행기를 꼭 쥐고 고개를 끄덕였다. 다른 동생들도 한 손엔 종이비행기를 잡고 다른 손은 언니, 형 손을 잡고 빨리 나가려고 했다. 교실 밖으로 나가 보니 몇몇 아이들은 건물 담벼락에 매달려 있는 넝쿨을 보고 있었다. 연수와 희수가 그물망에 붙어 있는 꽃을 보고 동생들에게 냄새를 맡아 보라고 했다. 동생은 코를 가까이 대고 킁킁 냄새를 맡더니 이상한 냄새가 난다며 코를 움켜쥐었다. 희수는 그 모습이 재미있는지 하하 웃었고 빨간 열매가 들어 있는 노란 껍질을 가리키며 저게 이 꽃 열매라고 알려 주었다. 그물망을 타고 자라는 여주를 보며 도란도란 이야기를 나누는 아이들을 보니 친남매 같다는 생각이 들었다. 다른 아이들은 동생들 키만큼 자란 벼들을 보고 있었다. 그런데 한 아이가 벼를 이리저리 젖히며 무언가를 찾고 있었다. 내가 뭐 하는 거냐고 물어보자, 옆에 있던 세원이가 동생에게 메뚜기를 봤다고 했더니 그걸 찾고 있는 중이라고 했다. 작년부터 벼농사를 짓기 시작했는데 신기하게도 어디서 날아왔는지 메뚜기와 방아깨비가 있었다. 하지만 오늘은 찾는 메뚜기는 보이지 않고 아이들 머리 위로 잠자리가 많이 날아다녔다. 잠자리를 본 수영이가 손을 높이 들고 잠자리 노래를 부르며 잡으러 다녔다.


나마리 동동 파리 동동

**메뚜기 찾기**

여기저기 앉아라 똥물 먹고 죽을라

　수영이 모습을 보던 유치원 아이들도 재미있어 보였는지 언니를 따라 팔을 높이 들고 큰 소리로 노래를 불렀다. 언니를 따라 노래 부르는 아이들의 모습을 보며 즐거운 배움이 무엇일까 생각했다. 교실에 앉아 잠자리 노래를 배웠다면 저렇게 신명나게 부를 수 있을까? 언니 따라 손을 높이 들고 잠자리를 쫓으며 온몸으로 반응하는 느낌과 감각을 교실에서 익힐 수 있을까? 내가 어릴 때 형들을 따라다니며 생태 감각을 익혔던 옛 기억이 떠오르며 유·초 연계야말로 배움은 관계에서 시작된다는 뜻과 속살을 제대로 보여 준다는 생각을 했다.

운동장에는 벌써 몇 명 아이들이 비행기를 날리고 있었고 조회대 위에서 비행기를 날릴 준비를 하는 아이들도 보였다. 그러자 잠자리를 쫓던 아이들도 손에 꼭 쥐고 있었던 비행기를 힘껏 날렸고 옆에선 언니, 형들이 비행기가 잘 날 수 있게 도와주고 있었다. 오랜만에 하는 나들이인데도 동생들을 잘 돌보았다.

## 벼가 우두두두 떨어져요

10월 중순 무렵이 되자 학교 곳곳에 단풍이 들기 시작했다. 은행잎은 노랗게 물들고 화살나무는 다홍빛으로 변했다. 고무통에 자라던 벼도 누렇게 영글어 고개를 푹 숙였다. 나락이 거의 익을 때 쯤 우리 반 아이들과 벼를 수확해 현관 앞쪽에 잘 말려 놓았다. 그리고 교실에서는 홀태를 만들면서 벼 벤 논에서는 무엇을 이야기할지, 동생들에게 홀태 쓰는 법을 어떻게 알려 줄지 이야기를 나누었다. 아이들은 벼 벤 자리를 루페로 자세히 관찰해 보고 동생들을 돗자리에 앉혀 홀태 사용법을 알려 주자고 말했다.

나들이하는 날 아침에 돗자리를 잔디밭에 옮겨다 놓고 루페를 준비했다. 아이들은 동생들을 보자마자 논으로 데리고 갔다. 희수는 동생과 같이 허리를 굽히고 엉덩이를 뒤로 뺀 채 루페로 벼 밑동을 봤다. 그러자 옆에서 허수아비와 사진을 찍고 있던 지훈이와 동생도 따라 했다. 여기저기서 '야!' 하는 감탄사가 연신 들렸다. 수영이는 동생과 허수아비와 예쁘게 사진을 찍고 있고, 경아는 동생과 루페로 서로의 눈을 보며 낄낄 웃고 있었다. 그 사이에 나는 현관 안쪽에 있던 나락을 돗자리로 옮겨 놓았다. 5학년 아이들과 동생들을 불러 모으고 선배들이 벼 훑는 방법을 자세히 알려 줄 거라고 하니 동생들은 다소곳이 앉아 선배들 얼굴만 바라보고 있었다. 도영이와 준석이는 동생 뒤에서 동생 손을 잡고 홀태와 벼 잡는 것을 도와주었고, 은비는 벼 두세 포기씩을 떼어 동생에게 주면서 벼를 훑게 하였다. 의준이와 호석이는 동생이 바닥에 훑어 놓은 벼를 두 손으로 모으고 있고 수영이는 동생이 하는 것을 지켜보았다.

"주은아, 지금 뭐 하는 거야?"

내가 수영이 동생에게 말을 걸었다.

"벼 따고 있어요."

**홀태로 벼 훑기**

동생아, 우리 뭐 하고 놀까?

"재밌어?"

"벼가 우두두두 떨어져요."

파란 하늘아래 옹기종기 둘러앉아 벼이삭 훑는 아이들 모습은 한 폭의 그림이었다. 때마침 우리 학교를 방문한 다른 학교 유치원 교사들이 그 모습을 한참 지켜보더니 너무 예쁘다고, 동생들과 함께 체험하는 모습이 정말 보기 좋다고 했다. 벼를 다 훑고 나서 우리 교실로 들어와 나들이한 이야기를 했다. 유치원 동생들이 벼 밑동을 보고서 예쁘다, 구멍이 많다, 터널 같다고 말했다고 한다. 나들이하면서 가끔 놀라는 것 중 하나가 수업 시간엔 구체적이고 자세한 표현을 못하는 아이가 동생들에겐 친절하게 설명하고 잘 알려 주는 것이다. 그리고 더 신기한 것은 동생들이 귀신같이 바로 알아듣는다는 것이다.


## 손잡고 뛰면 돼요

11월이 되면서 날이 점점 추워졌다. 우리 반 아이들에게 오늘은 유난히 추우니 교실에서 노는 게 어떠냐고 제안을 했다. 그러자 추운 날일수록 바깥에서 놀아야 한다며 동생들과 달팽이진 놀이를 하겠다고 했다. 내가 샘물반 동생들은 달팽이진 놀이를 잘 모를 거라고 하니까 자기들이 달팽이진 놀이 방법을 알려 주면 된다고 했다.

"금 안으로 뛰어야 하는데 동생들은 금을 왔다 갔다 하면서 넘어가서 서로 못 만날 수도 있어."

작년 1학년들도 처음 달팽이진 놀이를 알려 줄 때 금을 넘나들어 만나지 못하는 경우가 자주 있었다.

"우리가 동생들 손잡고 뛰면 돼요."

준석이가 웃으며 대답을 했다.

"샘물반 동생들이 가위바위보를 잘할 수 있을까? 못할 거 같은데."

"에이, 그건 하겠죠. 못하면 우리가 알려 주면 되고요."

유치원 아이들이 추울 때 바깥놀이를 하면 감기가 들 것 같아 걱정이 되어 교실에서 하자고 제안했지만 우리 반 아이들은 바깥놀이를 하자고 계속 이야기했다.

달팽이진 놀이를 하는데 물 만난 고기처럼 계속 신나게 뛰면서 정말 지칠 줄 몰랐다. 시간이 좀 지나니 서 있던 줄이 흐트러지기 시작했다. 운동장 한가운데로 달려가는 동생을 데리러 가는 준석이, 달팽이진 놀이판 옆에서 데굴데굴 구르는 동생을 지켜보는 도원이, 앞 사람을 따라 달려가려는 동생을 잡고 있는 호석이, 놀이판 옆에서 동생에게 가위바위보를 알려 주는 희수. 모두들 동생들을 챙기느라 바쁜 모습이다. 바람이 점점 세져서 유치원 동생들과 조금 일찍 헤어지고 교실로 들어왔다.

"수민이가 자꾸 돌면서 금 밖으로 나가서 힘들었어요."

준석이가 힘들었다는 표정으로 이야기했다.

"제가 가위바위보 했는데 어떤 애가 주먹 냈는데 저는 보자기 냈거든요. 그런데 갑자기 가위로 바꾸는 거예요."

옆에 있던 민규도 말했다. 내가 기분 나빴겠다고 이야기하자 민규는 웃으며 그냥 자기가 져 주었다고 말했다. 친구들하고 놀 땐 말 한

동생아, 우리 뭐 하고 놀까?

마디 작은 행동 하나에도 다투거나 화를 내는 아이들인데 동생들한 테는 많은 것을 양보하고 배려하는 모습이 보였다.


## 동생들이 나들이했던 곳으로 갔더라면

올해 진행한 유·초 연계 사례를 공유하고 확산하기 위해 '유·초 연계 교육과정 사례 발표회', '유·초 교사 다모임', '전문적학습공동체' 등 여러 모임에서 이야기를 했다. 그러던 중 전북의 평화샘 교사에게 유·초 연계를 이야기할 때 힘들어하는 교사나 아이들이 없었냐는 질문을 받았다. 힘들어하는 교사가 없었다고 대답은 했지만, 곰곰이 생각해 보니 한 사람이 생각났다. 강 선생인데 유·초 연계 첫 모임 때 표정이 어두웠고 한마디도 하지 않았기 때문이다. 강 선생은 평소에 빙그레 웃는 얼굴로 지내며 힘든 일이 있어도 별로 내색을 하지 않는 후배다. 그래서 늦기는 했지만 강 선생에게 처음 유·초 연계 시작할 때 어떤 마음이었는지 물어보았다. 강 선생은 웃으며 자기 반 아이들이 동생들을 잘 돌봐서 좋았다고 했다. 내가 그때 상황을 좀 더 이야기하자 강 선생은 조금 머뭇거리더니 사실대로 이야기해도 되느냐면서 천천히 말했다.

  "그때는 말씀 못 드렸지만 사실 유치원하고 나들이하는 게 좀 부담스러웠어요. 모르는 것도 많았고 유치원 아이들 돌보는 것도 쉬울 거 같지 않았거든요. 거기다 제가 여자축구 업무를 처음으로 맡았잖아요. 그 업무 익히는 것도 어려웠고……. 하지만 다른 교사들이 다 좋다고 해서 저 혼자 분위기 깨고 싶진 않았어요."

솔직하게 자기 속마음을 얘기해 준 강 선생한테 고맙고 미안한 마음도 들었다. 어떤 일을 추진하는 과정에서 여럿이 이야기할 땐 자기의 속마음을 말 못할 수도 있다. 그런 어려움을 헤아리지 않고 앞만 보고 가면 갈등이 생길 수 있다. 강 선생과 이야기하면서 좀 더디 가더라도 동료들의 처지를 이해하고 힘든 상황을 듣고 함께 풀어 가면서 마음을 모으는 것이 중요하다는 생각을 했다.

아이들의 어려움도 생각해 보았다. 우리 반 아이들이 가끔 동생들 때문에 힘들어하던 것이 떠올라서 윤 선생과 유치원 교사인 권 선생과 이야기를 나누어 보았다. 다섯 살 샘물반하고 처음 나들이할 때는 동생들이 관심을 보이며 잘 따라왔는데 시간이 지나면서 점점 관심 없는 아이들이 있어서 나들이를 열심히 준비한 5학년 아이들이 많이 속상해했다는 이야기를 하자 권 선생은 이상하다며 고개를 갸우뚱했다.

"어? 나도 다섯 살 반인데 우리 반 아이들은 나들이에 흥미를 갖고 잘 참여해요. 호기심도 많고 나들이하며 달라진 것도 잘 찾고요. 선생님반 아이들이 유치원 동생들과 만날 때 어떻게 했는지 궁금해요."

권 선생이 자기 반 이야기를 하면서 궁금한 것을 나에게 물었다. 그래서 우리 반 아이들이 늘 나들이를 하던 학교의 장소로 동생들을 초대했다고 하니 권 선생이 웃으며 말했다.

"우리 반은 매번 같은 장소로 나들이를 해요. 떨어진 솔방울이 있으면 솔방울을 던지고 놀기도 하고요. 조금씩 바뀌는 것들을 찾아내면서 나들이에 집중을 하거든요. 아마 남산유치원 아이들은 익숙하지 않은 곳에서 나들이해서 그럴 수도 있어요. 유치원 아이들이 나들이했던 곳으로 갔더라면 더 재미있었을 텐데요."

권 선생 이야기를 듣는 순간 내가 놓쳤던 것이 무엇인지를 알게되었다. 언니, 형들이 이끄는 대로 초등학교 나들이를 할 때는 금방흥미를 잃더니 자기들이 생활하는 남산유치원 앞마당에서 나들이할때는 무엇이든 집중해서 보던 모습들이 떠올랐다.


## 학교 울타리를 너머

2017년 유·초 연계를 평가하면서 2018년부터는 5학년이 놀이와 나들이를 함께 하기로 했다. 왜냐하면 유·초 연계로 만난 5학년이 6학년이 되었을 때 1학년에 입학하는 동생들을 맞이해 줄 수 있기 때문이다. 그런데 나는 6학년을 맡게 되었고 5학년 유·초 연계를 어떻게지원할까 고민하고 있었다. 이런 고민을 문 소장님과 상의했는데 학교 안에 머물러 있는 내 시야를 넓히는 유·초 연계를 제안해 주었다.

"남산유치원하고만 유·초연계를 생각하지 말고 지평을 좀 더 넓혀 보세요. 학구에 있는 유치원, 어린이집도 놀이와 나들이가 어려울텐데 초등학교에서 손을 내밀어 관계가 맺어지면 돌봄과 보살핌이확장되는 거잖아요. 또 거기를 졸업한 친구들도 남산초등학교에 입학하지 않나요?"

실제 남산유치원 졸업생 52명 중 16명만이 남산초등학교에 입학을 했고 이 숫자는 1학년 입학생 180명의 10%이다. 90%는 충주 인근의 사립유치원과 어린이집에서 입학을 했다.

새학년맞이 연수 때 동학년 교사들에게 제안을 했는데 유·초 연계가 처음인 분들이 대부분이라 부담스러워해서 우리 반만 먼저 하기로 했다.

지역에서 연계 맺을 수 있는 유치원과 어린이집을 찾기 위해 윤 선생하고 이야기를 나누었는데 성모유치원을 추천해 주었다. 성모유치원은 성당에서 운영하는 곳인데 평소에도 전래놀이를 꾸준히 해 왔고 담당 수녀님이 유·초 연계에 관심이 많다고 했다. 또 우리 학교에서 걸어서 10분 정도면 갈 수 있는 곳이었다. 윤 선생과 성모유치원에 가니 얼굴이 온화한 수녀님과 교사 한 분이 우리를 반갑게 맞이해 주셨다. 따뜻한 차를 마시면서 성모유치원 상황을 듣고 우리 반과 언제, 어떻게 만날지 계획을 세웠다. 놀이는 일주일에 한 번씩 초등학교와 유치원을 오가며 놀기로 했고 나들이는 한 달에 한 번 진행하기로 했다.

3월 22일, 첫 만남은 성모유치원 동생들을 우리 학교로 초대했다. 운동장에서 만나 인사를 하고 짝꿍을 지었는데 동생들은 인사하자마자 사방팔방으로 뛰어다녔다. 넓은 운동장이 자기 세상인 듯했다. 시간이 좀 지나자 동준이는 동생을 무릎에 앉혀 햇볕을 쬐고 있고 건일이와 종수는 바위에 올라가 뛰어내리는 아이를 옆에서 지켜보았다. 성곤이는 동생과 계속 뛰어다니며 잡기 놀이를 하고 여자아이들은 동생들과 달팽이진 놀이를 했다. 지난해에 동생들을 만난 경험이

동생아, 우리 뭐 하고 놀까?

있어서인지 우리 반 아이들은 처음 만나는 성모유치원 아이들을 자
연스럽게 데리고 놀았다. 땀을 뻘뻘 흘리며 뛰어노는 아이들 모습을
보며 유치원 교사가 웃으면서 말했다.

"6학년 아이들을 만난다고 하니 아이들이 며칠 전부터 무척 기대
했어요. 정말 잘 노네요. 고마워요, 선생님."

편안한 얼굴로 이야기하는 유치원 교사의 얼굴을 보니 나도 마음
이 놓였다.

성모유치원 아이들이 돌아가고 나서 느낌을 물었는데 성곤이가
손을 번쩍 들더니 힘들어 죽겠다고 말했다.

"그래, 뭐가 힘들었는데?"

"쉬지도 않고 자꾸 뛰어다니기만 하고 제가 못 따라다니겠어요."

그 이야기를 들은 친구들이 너랑 닮았다고 웃으며 말했고 성곤이
도 머쓱한지 같이 웃었다.

올해 유·초 연계에는 성당에서 같이 운영하는 성모학교에 다니는
효정이도 같이 온다. 성모학교는 시각장애 특수학교이고 효정이는
일곱 살인데 시각장애 1급인 친구다. 신체 발달이나 인지, 언어 발달
이 다섯 살 이하이다. 성모유치원 교사가 효정이도 함께할 수 있느냐
고 제안을 했을 때 새로운 경험일 것 같아 흔쾌히 동의를 했다. 효정
이 짝꿍을 누구로 할지 고민하다가 평소 동생을 잘 돌보는 희진이에
게 부탁을 했더니 바로 좋다고 말해 주었다. 첫 나들이를 하고 나서
희진이에게 물었다.

"희진아, 오늘 효정이하고 어떻게 지냈어?"

"효정이는 잘 웃어서 예뻐요. 그리고 제가 뭐 하자고 하면 천천히 잘 따라와요."

그래도 힘들지 않으냐고 물어보았더니 괜찮다고 해서 마음이 놓였다. 두 번째 만나는 날 효정이 담임교사에게 효정이의 반응을 물어보았다. 효정이는 짝꿍 언니 이야기를 하면 씨익 웃으며 좋아한다고 했다. 그리고 놀이에 거의 관심이 없었는데 언니랑 놀고 나서는 놀이를 자꾸 해 보려고 한다고 했다. 딱지를 직접 만들어 교사와 번갈아 가며 딱지치기도 하고 놀이할 때 자신의 순서를 기다리는 시간도 늘었다고 했다.


## 초등에 꼭 필요해요

6월 중순경 성모유치원과 유·초 연계한 내용들을 동학년 교사들과 이야기하면서 다른 어린이집도 유·초 연계를 하면 좋겠다는 이야기를 했다. 그러자 7살 아이를 둔 오 선생이 바로 맞장구치며 말했다.

"저도 육아휴직 했을 때 우리 아이 현장학습을 따라가 봤거든요. 그런데 20명 넘는 아이들을 데리고 다니는 유치원 선생님이 정말 안쓰럽더라고요. 우리도 2학기 때 가능한 반 위주로 유치원이나 어린이집하고 유·초 연계해 보면 어떨까요?"

오 선생의 말이 너무 반가워 동학년 교사들의 생각은 어떤지 물어보았더니 네 명이 좋다고 했다. 다른 반 아이들이 우리 반이 성모유치원 아이들과 노는 것을 보면서 자기네 반도 했으면 좋겠다는 이야기는 종종 들었다. 그 말을 들을 때마다 안타까운 마음이 들었는데 마침내 동학년 교사들이 마음을 내주니 정말 든든하고 신이 났다. 그래서 학구에 있는 유치원, 어린이집을 알아보았더니 10개 이상의 어린이집이 있었다. 유·초 연계를 제안했더니 그 가운데 4개 어린이집에서 꼭 해 보고 싶다고 적극적인 반응을 보였다. 유·초 연계할 어린이집을 다 정하고 나서 유·초 교사가 함께 모여 구체적인 준비과정을 이야기할 워크숍 날짜를 정했다.

워크숍 하는 날, 유·초 연계를 희망한 6학년 교사들과 유치원·어린이집 교사, 원장 선생님 등 20여 명이 우리 교실에 모였다. 그리고 유·초 연계 운영 사례를 들려줄 윤 선생과 금릉유치원 권 선생도 왔다.

"제가 남산초에 왔을 때 두 분 선생님이 유·초 연계를 하고 있었는데 초등 교육과정에는 유·초 연계가 없어서 사실 처음엔 관심이 없었어요. 그런데 1년간 두 선생님이 열심히 하는 모습을 옆에서 보니 유·초 연계가 유치원 아이들에게만 좋은 게 아니라 우리 초등 아이들에게 더 필요하다는 생각을 하게 됐어요. 거친 아이들이 유치원 동생들을 만나면서 정말 순하고 부드러워지는 걸 보면서 이건 초등 아이들에게도 꼭 필요한 교육 내용이라는 생각을 했어요. 유·초 연계 활동이 아이들 인성 발달에 큰 도움이 될 거라고 믿어요."

교장 선생님의 인사말을 들으며 지난해에 유·초 연계를 경험한 교사들은 고개를 끄덕였다. 처음에는 유치원에 도움을 준다는 생각으로 시작했지만 시간이 지날수록 초등학교 아이들이 성장하는 모습을 보면서 초등에 꼭 필요하다는 것을 실감하고 있었다. 그런데 그런 모습을 지켜보던 교장 선생님이 우리와 같은 생각으로 유·초 연계의 속살을 말해 주어서 반가웠다.

"초등학교에서 먼저 유·초 연계하자고 제안을 해 주었을 때 정말 놀랐어요. 이런 경우가 처음이었거든요. 겨울에 잠깐 학교 구경을 왔을 때도 눈치가 보여 살짝 왔다 가는 정도였는데 6학년 아이들과 함께 논다고 하니 우리 아이들은 행운인 것 같아요."

파랑새 어린이집 교사도 웃으며 말을 했다. 충주 어린이집 교사는 지역 경로당과는 연계를 했었는데 초등학교 아이들과는 처음이라 걱정도 되지만 기대가 더 크다고 했다. 유·초 연계를 처음 하는 6학년 교사들도 걱정은 되지만 아이들을 믿고 해 볼 거라는 기대와 설렘을 이야기했다. 교사들의 인사가 끝나자 윤 선생과 권 선생이 '누이 좋고 매부 좋은 행복한 유·초 연계' 실천 사례를 들려주었다. 윤 선생은 지난해 유·초 연계를 시작하게 된 계기와 2학년과 5학년이 놀이와 나들이한 이야기를 했다. 친구끼리는 말도 거칠게 하고 갈등을 많이 일으키는 아이가 동생들과 나들이할 때는 순한 천사가 되었다는 이야기와 교실에서 조용히 앉아 있는 아이가 동생을 만날 땐 환한 웃음을 지며 노는 모습이 기억에 남았다는 이야기는 몇 번을 들어도 감동이었다. 권 선생은 올해 6학년과 연계한 이야기를 해 주었다. 동생을 처음 만나는 날 6학년 아이들이 쪼그려 앉아서 동생들과 눈을 맞추는 이야기를 할 때와 동생들이 보고 싶어 점심시간과 청소시간에 유치원에 내려온다는 이야기에 어린이집 교사들은 감동했다.

동생아, 우리 뭐 하고 놀까?

사례 발표가 끝난 후 유·초 연계에 대해 궁금한 것을 묻고 이야기를 나누었다. 6학년 오 선생이 먼저 짝꿍은 어떻게 맺는 것이 좋은지 물었다. 그러자 남녀 비율과 아이들 특성을 고려하는 것이 좋겠다는 의견이 많았고 일단 짝이 정해지면 갈등이 생기더라도 극복해 나가는 과정도 의미가 있다는 의견도 나왔다. 유·초 연계를 처음 시작하려는 교사들이 모인 자리라 이야기를 나누는 교사들 모습은 정말 진지했다. 경험을 나누는 교사들은 조곤조곤 이야기했고 유·초 연계를 시작하는 교사들은 말 한 마디 한 마디를 집중해 들었다. 한 시간 가까이 이야기 나누고 나서 서로 연계를 맺은 어린이집 교사와 6학년 교사들이 2학기 계획을 세웠다. 1학기에 우리 반만 연계를 하고 있어서 많이 아쉬웠는데 2학기에 6개 반으로 확장되어 지역과 협력하는 유·초 연계가 시작된다는 생각에 가슴이 벅찼다. 유·초 연계야말로 한 사람의 열 걸음이 아니라 열 사람의 한 걸음이 소중함을 다시한 번 느끼게 된 날이었다.

# 사랑과 그리움을
# 알아 가는 아이들

**권옥화**

## 유·초 연계가 되겠어?

"유·초 연계 전망을 어떻게 생각해?"

"글쎄, 별로 가능성이 없을 것 같은데……. 유·초 연계가 그렇게 쉽게 되겠어?"

윤 선생이 내게 유·초 연계에 대해 물었을 때 난 1초의 망설임도 없이 바로 대답했다. 윤 선생이 깜짝 놀라며 왜 그렇게 생각하느냐고 다시 물었다.

"남산이야 윤 선생이랑 임 선생이 발 벗고 다 해 주니까 가능하지. 다른 어떤 학교에서 초등 교사가 먼저 그렇게 해 주겠어?"

평소 거침없이 자기 생각을 이야기하던 윤 선생은 내 말을 듣자 가만히 있었다. 내심 충격을 받은 듯했지만 난 윤 선생에게 '이게 현실'이라는 것을 알려 주고 싶었다. 윤 선생과는 같은 아파트에 살면

유치원 일곱 살 반과 다섯 살 반의 연계-실꾸리 뜰뜰

서 날마다 수다를 떠는 사이라 듣지 않으려고 해도 들을 수밖에 없어서 남산초에서 진행되고 있는 유·초연계에 대해서 이미 알고 있었다. 매주 초등과 유치원이 만나서 놀이도 하고 동생들 손을 잡고 나들이를 한다는 이야기를 들을 때마다 무척 부러웠지만 나한테는 그림의 떡이었다. 내가 근무하는 금릉초등학교를 떠올려 보니 초등에 마음을 터놓고 이야기할 만한 교사도 없고, 설사 있다고 해도 초등 교사에게 우리 유치원과 함께해 달라는 말을 꺼내기는 쉽지 않을 듯했기 때문이다. 결국 초등학교 아이들과 놀이하며 손잡고 나들이를 하는 것은 꿈으로만 간직할 수밖에 없었다.

지난 30여 년 동안 병설유치원 교사로 근무하면서 초등 교사들과

동생아, 우리 뭐 하고 놀까?

한 울타리에서 지내고는 있지만 업무도 따로 하고 배움길도 달라 함께 일을 추진하는 기회가 거의 없었다. 더구나 유치원은 하루 종일 아이들에게 눈을 뗄 수 없어 마음의 여유가 별로 없다. 반면 초등 교사들은 쉬는 시간이나 점심 식사 후에 모여서 차도 마시고 수다를 떨면서 학교의 일을 그때그때 공유하고 결정했다. 그러다 보니 가끔 학교에서 추진하는 일을 나만 모를 때가 있었다. 예를 들어 전교생에게 가정통신문을 보냈는데 유치원만 빠지거나 운동회 날짜를 정했는데 나만 모르고 있을 때가 있었다. 그럴 땐 서운한 마음이 컸지만 각자가 처한 상황이 다르다는 생각을 하며 마음을 달랬다. 그래서 유·초 연계가 나와는, 아니 일반 유치원과는 별개인 그냥 저 두 교사가 한 해 동안 펼치는 일시적인 이벤트일 뿐 전체로 확산되는 건 어려울 것이라고 생각했다.

이런 생각으로 윤 선생에게 유·초 연계가 불가능할 거라고 말했지만 마음속으로는 '그렇게만 된다면 얼마나 좋을까?' 하는 생각을 늘 했다. 그러던 어느 날 이런 내 생각을 바꾸게 된 사건이 생겼다. 다섯 살 우리 반 아이들과 바깥놀이를 할 때 우연히 일곱 살 아이들이 고무줄과 딱지치기 하는 모습을 보게 되었다. 몇몇 아이들이 고무줄놀이를 하고 있는 아이들을 한참 쳐다보았다. 다음 날 우리 반 채원이가 말했다.

"선생님, 저도 고무줄 할래요. 고무줄 묶어 주세요."

그동안 고무줄에 별 관심이 없었던 채원이가 고무줄을 걸어 달라는 말에 깜짝 놀랐다. 그러고 보니 채원이가 그 전날 언니들 놀이를 한참 동안이나 지켜보았던 것이 생각이 났다. 그 뒤로 우리 교실에서는 매일 고무줄을 하는 아이들이 늘어 가고 딱지 치는 모습도 종종 보였다. 달라진 아이들의 모습이 신기했다. 그도 그럴 것이 그동안 아이들과 고무줄, 딱지 등의 놀이를 해 보려고 해도 잠깐 관심을 보이다가 내가 하지 않으면 잘 놀지 않아서 힘이 빠지곤 했다. 그런데 일곱 살 아이들이 하는 놀이를 보더니 아주 쉽게 놀이에 빠져드는 게 아닌가. 그 모습을 보면서 초등 교사들에게 제안하기는 어려워도 유치원 안에서 연계 교육은 가능하지 않을까 하는 생각이 들었다. 그래서 2017년 2학기에는 새로운 놀이를 배울 때 일곱 살 아이들의 도움을 받아서 사방치기, 고무줄, 실꾸리 똘똘 등 다양한 놀이를 배우며 함께 놀았다. 놀랍게도 아이들은 나랑 놀 때보다 더 놀이에 집중하며 즐겼고 이렇게 놀이에서 시작된 연계 교육은 점차 나들이로 확장되었다.

어려움도 있었다. 일곱 살 아이들이 아직 어린 데다가 다섯 살이랑 나이 차가 얼마 나지 않아 그런지 쉽게 짜증을 내기도 하고 놀이를 하다가 자주 다툼이 생겼다. 그래서 남산초등학교와 남산유치원 사례처럼 초등학교와 연계하여 더 큰 아이들과 다양한 놀이와 나들이를 해 보면 좋겠다고 생각했다.


## 어설프게 내민 손을 덥석 잡아 준 손

우리 유치원안에서 연계 교육 시작한 것을 누구보다 반가워한 사람은 윤 선생이었다. 유·초 연계를 해 보자고 마음은 먹었지만 초등학교에 마음을 터놓고 친하게 지내는 교사가 없어서 어떻게 말을 꺼내야 할지 막막했다. 그래서 윤 선생에게 도움을 청했다.

"나도 올해 유·초 연계를 하고 싶은데 어떻게 시작하면 좋을까?"

내 말을 들은 윤 선생은 반가워하며 남산초에서 같이 근무했던 정 선생이 금릉초로 전근을 갔으니 연락을 해 보자고 했다. 윤 선생은 그 자리에서 정 선생에게 전화를 했다.

"선생님, 유치원 권옥화 선생님이 초등 고학년하고 유·초 연계를 했으면 하는데 해 볼래요?"

"선생님, 유·초 연계가 뭐예요?"

전화기를 통해 흘러나오는 정 선생의 말을 들으며 유·초 연계란 말도 모르니 올해는 어렵겠구나 하는 생각이 들었다. 그래도 윤 선생은 차분하게 이야기했다.

"남산에서 6학년 할 때 1학년하고 놀았죠? 그런 것처럼 고학년 아이들이 유치원 동생들 손잡고 바깥나들이도 하고 같이 놀아 주는 거예요."

"아! 그거요? 재미있었어요. 할게요!"

윤 선생의 이야기를 듣고는 정 선생은 흔쾌히 하겠다고 했다. 정 선생은 남산초등학교에 근무할 때 학교 전체가 전래놀이를 했고, 그 놀이로 초등학교 안에서 학년 간 연계 교육을 경험했다. 그래서 1학년 대신 유치원을 만나면 된다는 말에 바로 하겠다고 했던 것이다. 조마조마한 마음으로 귀를 대고 듣던 나는 어설프게 내민 손을 덥석 잡아 준 정 선생이 참 고마웠다.

'아, 유·초 연계 교육을 나도 한번 해 보는 건가!'

그날 밤 우리 반 다섯 살 꼬맹이들과 정 선생 반 6학년 아이들이 펼쳐 갈 유·초 연계 모습을 상상하며 가슴이 설레 잠을 설쳤다.

문제는 그다음 날 아침에 생겼다. 6학년 부장이 유치원으로 전화를 해서 정 선생의 제안으로 6학년 전체 교사들이 유·초 연계를 하기로 했는데, 어떻게 하면 되느냐고 묻는 것이었다. 우리 반과 6학년 한 반의 작은 연계를 꿈꿨던 나에게는 너무나 갑작스러운 제안이었다. 유치원 3학급 57명과 6학년 5학급 128명이 만나게 되면 너무 많다는 생각에 막막했지만 적극 나선 초등 교사들 마음이 고마워서 6학년 부장의 제안을 덜컥 받아들였다. 그렇게 이야기하고 나서는 유치원 교사들과 얼른 이야기를 나누어야겠다는 생각에 마음이 급해졌다.


## 우리 셋이 모이면 못할 게 뭐가 있겠어요!

"우리 반이랑 올해 6학년 한 반이랑 유·초 연계를 해 보려고 했는데 일이 커져 버렸어요. 6학년 전체가 유·초 연계를 하고 싶다는데 선생님들 생각은 어떤지 알고 싶어요."

"괜찮을 것 같은데요. 전 좋아요."

유치원에서 2년을 함께한 박 선생이 흔쾌히 하겠다고 했다. 사실 박 선생과는 작년부터 꾸준히 놀이와 나들이를 함께하고 있었다. 가끔 나와 남산의 유·초 연계 사례를 이야기해서 그런지 자연스럽게 동의해 주었다. 하지만 올해 우리 유치원으로 발령을 받은 경력 5년 차인 채 선생은 어떻게 생각할지 걱정이 되어 물었다.

"글쎄요. 나들이와 놀이도 잘할 줄 모르는데 어떻게 해야 할지 모르겠어요."

사실 채 선생에게는 큰 부담이 될 수도 있었다. 채 선생은 작은 학교에 첫 발령을 받아 4년 동안 한 학급에서 열 명 안팎의 혼합반만 운영하다 올해 우리 유치원으로 발령받아 일곱 살 스물한 명을 맡게 되어 부담감도 컸고 업무에 대한 스트레스도 많았다.

"유·초 연계를 할 때 꼭 놀이랑 나들이만 하는 건 아니에요. 사실 나도 유·초 연계가 처음이라서 잘할 수 있을지, 뭐부터 해야 할지 걱정이에요. 그래도 그냥 우리끼리 서로 모르는 건 배워 가며 해 보면 될 것 같은데……. 못하면 어때요. 작년에 남산초에서 한 사례가 있으니까 물어 가면서 해 봐요."

내 말을 받아 박 선생이 거들었다.

"그래요. 권 선생님이랑 내가 도와줄게요."

그러자 채 선생 표정이 환해졌다.

"네, 선생님들만 믿고 따라갈게요. 많이 도와주세요."

"우리 서로 도와 가면서 해 봅시다. 우리 셋이 못할 게 뭐가 있겠어요? 6학년 선생님들도 마음을 냈으니 이 기회에 한번 해 봐요."

내 말에 박 선생도, 채 선생도 고개를 끄덕이며 환하게 웃었다. 동료 교사들과 서로 의견을 나누고 풀어 나가는 과정 자체가 이렇게 기분 좋은 것이구나 하는 느낌이 들었다. 그리고 앞으로 펼쳐질 유·초 연계에 대한 기대로 가슴이 두근거렸다.

동료 교사와 협의를 하고 나니 넘어야 할 산이 또 있었다. 교장, 교감 선생님에게 유·초 연계의 의미를 제대로 설명하고 공감을 얻는 일이었다. 유치원이야 형식으로나마 해마다 유·초 연계 계획서를 세우지만 초등은 유·초 연계가 있는 줄도 모르기에 걱정이 되었다. 교감 선생님과는 2년 동안 함께 근무했고 유치원에 호의적이라 부담이 없었지만 올해 새로 오신 교장 선생님과는 아직 낯설었다. 우선 교감 선생님을 찾아가 말을 하자 고개를 끄덕이며 듣더니 교장 선생님과 함께 이야기하자고 했다. 교감 선생님과 교장실로 가니 교장 선생님이 웃으며 반갑게 맞아 주셨다. 30여 년 교직생활 동안 내 계획을 설명하려고 스스로 교장실을 간 경험이 없었기에 긴장이 되었지만 마음을 가라앉히며 말문을 열었다.

"교장 선생님, 유치원과 6학년이 한 달에 한 번 만나서 놀이도 하고 여러 가지 활동을 하는 유·초 연계를 해 보려고 합니다. 유·초 연계를 통해 형제자매가 되는 거예요."

내 말을 들은 교장 선생님은 흔쾌히 지지해 주셨다.

"아, 그래요? 해 보세요. 전 선생님들께서 자발적으로 계획하여 뭔가를 해 보려고 하는 건 무조건 찬성입니다."

그 말에 긴장이 풀렸다.

"저도 유·초 연계가 처음이라 어떻게 해야 할지, 또 잘될지는 모르겠어요."

"뭐, 잘 안 되면 어때요. 처음인데 그런 건 걱정하지 말고 무조건

해 보세요. 난 참 좋은 생각 같은데……."

교장 선생님의 이 말이 참 반가웠다. 이야기를 마치고 교장실 문을 나서는데 기분이 좋고 뿌듯했다. 지금처럼 교사들이 변화를 꿈꾸며 새로운 제안을 했을 때 교장, 교감 선생님들이 적극적으로 격려하고 지지해 준다면 얼마나 좋을까 하는 생각이 들었다. 그렇게 동료교사의 참여와 교장, 교감 선생님의 지지와 격려를 바탕으로 6학년교사들과도 만나게 되면서 아이들을 위한 행복한 교육활동을 만들어 가는 마음들을 모았다.


## 같이 놀고 걷다 보니

이제 남은 문제는 유·초 연계를 함께할 유치원과 6학년 교사들이 놀이와 나들이를 이해하는 것과 더 나아가 놀이와 나들이를 학교 전체의 문화로 확산하는 것이었다. 이 문제를 윤 선생과 임 선생을 만나상의했다.

"금릉초도 학년 초에 전 직원이 함께 참여하는 공동체 놀이 연수를 하면 어때?"

"좋아! 그럼 언제쯤 할까?"

두 선생은 학기 초인 3월에 연수를 하자고 했고 나는 생각이 좀달랐다. 3월은 누구나 바쁜 업무로 동료 교사들조차도 편하게 이야기 나눌 시간이 부족해서 3월 말에 하면 어떨까 생각했는데, 두 선생은 하루라도 빨리 놀이를 해서 어색함을 푸는 것이 더 좋다고 했다.

그래서 3월 14일에 두 선생을 강사로 초대하여 놀이 연수를 하기로 했다.

놀이 연수하는 날 내 마음은 아침부터 강당에 가 있었다. 말만 같은 학교 교사이지 늘 있는 듯 없는 듯 지내던 내가 생전 처음으로 유·초 연계를 제안하고 이제는 학교 전체의 공동체 연수를 제안한 입장이라 책임감도, 뿌듯함도 무척 컸기 때문이다. 나만 그런 것이 아니라 우리 유치원 동료 교사들의 마음도 비슷한 듯했다. 수업이 끝나자 누가 먼저랄 것도 없이 서로 놀잇감을 챙겨 강당으로 올라갔다. 우리도 한 꼭지씩 놀이를 맡았고 강당으로 가는 내내 이야기를 나누며 준비를 했다. 강사인 두 선생도 미리 와서 바닥에 절연테이프로 비석치기 금도 그리고 땅따먹기 금도 그리면서 준비를 하고 있었다. 시간이 가까워 오자 교사들이 하나둘씩 강당으로 모여들었다. 교장 선생님도 체육복을 입고 오셨고, 교감 선생님도 카메라를 들고 오셔서 마음이 든든했다. 교사들은 미리 준비해 둔 고무줄, 제기들을 보더니 반가워하며 한마디씩 했다.

"어! 나도 옛날엔 고무줄 좀 했는데."

"왕년에 제기 안 차 본 사람이 어딨어?"

자연스럽게 어릴 때 자신들의 놀이 경험을 이야기하며 여기저기서 놀이가 시작되었다. 학기 초라 아직 이름과 얼굴도 제대로 몰라 어색했는데 놀이로 만나는 판이 열리자 더 가깝게 느껴졌다. 신규 교사들의 환한 웃음과 체육복 차림으로 편하게 노는 교장 선생님의 모습, 스스럼없이 어울리는 동료 교사들을 볼 수 있었다. 학교라는 다

동생아, 우리 뭐 하고 놀까?

교직원 놀이 연수

소 경직된 공간에서 교사들에게 놀이만큼 쉽게 마음의 문을 여는 연수가 또 있을까? 3년째 평화샘에 참여하면서 항상 들어왔지만 낯선 관계도 친밀하게 이어 주는 놀이의 힘을 다시 한 번 느낄 수 있었다.

4시 30분에 놀이 연수가 끝난 뒤 유·초 연계를 하게 된 6학년 교사들과 유치원 앞마당에서 다시 만났다. 유·초 연계의 내용 중 하나인 나들이를 좀 더 하기 위해서였다. 아직은 서로 서먹해서인지 먼저 말을 시작하는 사람이 없었다. 우선 유치원 아이들이 나들이할 때 사용하는 루페를 교사들에게 나누어 주었다. 처음 루페를 본 몇 몇 6학년 교사들에게 박 선생이 루페 사용법을 친절하게 설명해 주었다. 강사인 임 선생이 유치원에서 아이들과 나들이하는 코스대로 안내해 달라고 제안을 했다. 나와 박 선생은 평소 아이들과 다니는 길로 걸어갔다.

"여기가 우리 아이들과 다니는 곳이에요, 지금은 볼 것이 별로 없는데……. 오늘은 임 선생이 안내해 주실 거죠?"

임 선생이 웃으며 그럼 편하게 걷자면서 우리를 유치원 앞마당에 있는 나무로 데려갔다. 나뭇가지만 있어서 어떤 나무인지 모르는 상태였는데 그 나뭇가지에서 씨앗을 따서 한 개씩 나누어 주었다. 그러고는 씨앗을 루페로 보자고 했고 우린 모두 손바닥 위에 있는 씨앗을 보면서 여기저기서 아이들처럼 재잘대며 수다를 떨었다.

"이런 씨앗은 처음 봐. 모양이 특이해. 솜털처럼 털이 쭈욱 나왔어."

그다음엔 임 선생이 아직 다 피지 못한 노란 꽃나무를 가리키며 이게 무슨 꽃인지 아느냐고 묻자 6학년 교사들이 말했다.

"노란 꽃은 다 개나리꽃 아니에요?"

"산수유 꽃인가?"

"이건 생강나무 꽃이에요. 봄에 피는 꽃나무 중 가장 먼저 피는데, 생강 냄새가 나서 생강나무라고 해요."

박 선생이 말하자 옆에 있던 6학년 교사들이 우르르 생강나무로 달려들었다.

"진짜요? 진짜 생강 냄새가 나요?"

몇몇 교사들은 가까이 다가가 코를 대고 냄새를 맡으려고 했고, 꽃도 요리조리 살펴보았다. 그 모습을 보면서 내 나들이 경험을 이야기해 주었다.

동생아, 우리 뭐 하고 놀까?

"우리 학교 주변을 아이들과 나들이하면 정말 많은 식물과 나무에 대해서 알게 돼요. 그리고 우리 아이들도 주변의 변화에 관심을 갖고 탐색하고요."

임 선생은 겨울에도 아이들과 나들이를 하면 볼거리가 많다며 이번에는 초록색 회양목 앞에서 꽃을 찾아보라고 했다.

"어머머, 여기 좀 봐, 진짜 꽃이 있네."

"난 회양목에 꽃 피는 건 처음 보는데."

"난 잘 안 보여. 어디 있다는 거지?"

교사들은 루페를 들이대며 꽃을 찾느라고 분주했다. 처음 나들이를 하자고 했을 때만 해도 추운데 교사들이 재미있게 참여할까? 괜히 추운데 하자고 했나? 혼자 북 치고 장구 치며 걱정을 했던 내가 우스웠다. 루페를 처음 사용해 본 몇몇 교사들은 소나무 껍질을 보고 깊은 동굴 같다고 이야기하고, 땅바닥에 엎드려 돌을 보며 돌 속에 보석이 있다고도 하고, 흙이며 주변에 있는 모든 것을 관찰하며 추위도 잊은 채 나들이에 빠져들었다. 한 번의 놀이와 나들이로 6학년 교사들과 한결 가까워진 느낌이 들었다. 나는 이날 이후로 다른 학교 교사들을 만나면 3월에 꼭 필요한 연수로 놀이와 나들이를 적극 추천하게 되었다.


**형, 또 놀러 와!**

연수를 하고 나서 얼마 뒤에 6학년 교사들이 짬을 내서 유치원으로

왔다. 언제 만날지, 짝꿍은 어떻게 맺을지 의견을 나누었다. 우선 시간은 유치원이 초등학교에 맞추기로 했다. 유치원은 매일 바깥놀이를 한 시간씩 해서 조절이 쉽기 때문이었다. 4월부터 한 달에 한 번 셋째 주 목요일에 한 시간씩 만나기로 했다. 만날 시간은 쉽게 정한 반면에 짝꿍 맺기는 많은 시간이 걸렸다.

"다섯 살 우리 반 아이들은 학기 초라 부모와 떨어지기 힘들어하고 유치원 생활에 힘겹게 적응하고 있어서 걱정이네요."

내가 먼저 말을 꺼냈다. 옆에 앉아 있던 6학년 유 선생도 말을 이었다.

"우리 반 아이들도 행동이 거칠고 가끔 말을 함부로 해서 유치원 아이들에게 피해를 줄까 걱정인데요, 뭐."

이렇게 교사들은 자기 반 아이들에 대해 이야기보따리를 풀어놓았다.

"우리 반 아이들은 대체적으로 적응은 잘하고 있는데 짝꿍 맺을 때 가능하면 남녀 동성끼리 맺어 주면 좋을 것 같아요."

유치원 박 선생이 의견을 냈다. 그 얘기를 들은 모든 교사들이 좋다고 했다. 또한 유치원 아이들 개개인 특성이나 꼭 알아야 할 상황들을 적어 6학년으로 보내기로 하고 6학년 교사들이 그 자료를 바탕으로 짝꿍을 맺어 주기로 하고 협의를 마쳤다.

아이들끼리는 전혀 모르는 상태이기에 짝꿍들끼리 만나기 전에 자연스럽게 한번 만나면 좋겠다는 생각을 했다. 그때 마침 4, 5, 6학년 교내 씨름대회가 열린다는 소식을 들었다. 도 지정 체육 종목이 씨름인 우리 학교는 해마다 학년 초에 씨름 대회를 열어서 선수 선발을 해 왔다는데 한 번도 관심을 가져 본 적이 없었다. 그런데 올해 6학년과 유·초 연계를 시작하면서는 '6학년'이란 말만 나와도 귀가 쫑긋해졌다. 이보다 더 좋은 기회가 있을까 싶어 6학년 교사들과 미리 이야기하고 씨름 응원을 가기로 했다.

씨름대회를 하는 날, 아이들과 간단하게 씨름에 대해서 이야기를 나누고 씨름장에 가서 6학년들이 씨름하는 것도 보고 응원을 해 주자고 했다. 그러자 유치원 생활에 적응하지 못한 세연이가 울면서 엄마한테 갈 거라며 떼를 썼다. 다른 몇 명 아이들도 가기 싫다거나 유치원에서 놀 거라고 했다. 어느 정도 예상은 했지만 아이들의 너무 강한 반응에 잠시 당황스러웠다. 그래도 방과후과정 교사랑 아이들을 달래서 간신히 씨름장으로 올라갔다. 낯선 환경에 긴장했는지 아이들의 눈이 동그래지고 몸이 딱딱해지는 것이 느껴졌다. 여섯 살, 일곱 살 아이들 반응도 크게 다르지 않았다. 하지만 6학년 아이들은 유치원 아이들을 보고 귀엽다고 환호성을 지르며 뛰어와서 손도 잡아 주고 안아 주려고 했다. 우리 아이들은 씨름이 시작되어도 어리둥절한 표정으로 응원도 못하다가 6학년 한 아이가 앞으로 나와 큰 소리로 외치자 분위기가 바뀌었다. 가만히 앉아 있던 아이들이 6학년들을 따라 소리를 지르더니 일곱 살 건우가 북을 둥둥 치자 옆에 있던 다른 아이들도 북소리에 맞추어 신나게 응원을 했다.

"1반 이겨라!"

"1반 이겨라!"

그렇게 6학년들의 씨름대회가 끝나고 교실에 돌아와서 오늘 활동에 대한 느낌을 나누어 보았다. 여섯 살, 일곱 살 반 아이들은 '누가 이겼지? 정말 재밌었어.' 말하며 씨름이나 형이나 오빠들에게 많은 관심을 보였다고 했다. 그러나 우리 반 아이들은 특별한 반응을 보이지 않고 오히려 교실에 오자 안도하는 표정을 지었다. 솔직히 앞으로 유·초 연계를 어떻게 해야 할지 조금 걱정이 되기도 했다. 그래서 씨름대회 응원을 하고 일주일 지났을 때, 아직 6학년 아이들 만나는 것을 낯설어하는 우리 아이들의 마음을 풀어 주고 싶어서 다시 한 번 더 만나자고 6학년에게 제안을 했다. 병설이라 초등학교와 한 울타리 안에 있어서 마음만 먹으면 쉽게 볼 수 있는 것은 참 좋은 조건이었다.

그래서 6학년들이 유치원으로 마실을 오게 되었다. 6학년들이 온다는 말에 몸부터 굳어지는 우리 반 아이들에게 맛있는 사탕과 과자를 선물하려고 오는 거라고 말해 주었다. 조금 뒤에 6학년 아이들이 유치원에 나타나자 여섯, 일곱 살 반에서는 함성이 들렸다. 하지만 우리 반은 그야말로 얼음 상태, 숨소리도 들리지 않고 문 쪽만 바라보았다. 예상은 했지만 참으로 난감했다. 반대로 6학년 아이들은 시끌벅적 흥분한 상태로 우리 교실로 들어왔다. 먼저 유치원에 온 소감을 듣고 준비해 온 과자 선물과 편지를 우리 아이들에게 전해 주었다. 아이들은 수줍어하긴 했지만 모두 손을 내밀어 선물을 받았다. 곧이어 6학년 아이들이 미션을 수행하기 시작했는데, 동생 이름과 생일, 좋아하는 것을 종이에 적는 것이었다. 그 모습을 보고 웃지 않

동생아, 우리 뭐 하고 놀까?

을 수 없었다. 우리 아이들은 입에 자물쇠라도 채운 것처럼 한 마디도 안 하고 어떤 아이는 얼굴을 돌리고 아예 쳐다보지도 않는데, 그런 상황에서도 아이들은 한 마디라도 더 듣고 적으려고 열심히 묻고 또 물었다. 6학년 아이들이 애처로워서 우리 반 아이들이 아직 유치원 생활에 적응하지 못했고, 낯설어서 많이 긴장한 상태라 미션 수행이 어려울 거라고 이야기해 주었다. 내 말을 들은 아이들은 '아하!' 하며 빠르게 포기했다.

그다음은 유치원에서 준비한 사탕과 도토리팽이를 동생들이 선배들에게 나눠 주는 것이었다. 사탕을 받기 위해 서로 자기에게 오라고 동생들에게 얼마나 재롱을 부리던지. 아이들의 애교에 유치원 아이들도 긴장이 풀려 좀 더 편안해 보였다. 이어 6학년들이 도토리팽이 돌리기로 다섯 살 아이들의 마음을 사로잡으면서 여기저기서 유치원 아이들이 웃는 모습도 보였다. 그렇게 30분 정도  지나고 헤어질 때 6학년 아이들은 유치원 복도 창문에 턱을 괴고 귀여운 어리광을 부리며 말했다.

"너무 짧아요. 더 놀다 가면 안 돼요?"

그때 우리 반 수영이가 손을 흔들며 인사를 했다.

"형, 또 놀러 와."

수영이의 그 한마디에 그동안 노심초사 걱정했던 마음이 눈 녹듯 사라졌다. 6학년들의 유치원 교실 마실은 이렇게 서로 아쉬움을 남긴 채 마무리했다. 우리 반을 비롯해 여섯 살, 일곱 살 반도 몇 명 아이들은 교사 뒤에 숨거나 울었지만 대다수 아이들은 받은 편지나 캐

릭터 그림을 원아수첩에 끼워 넣고, 점심시간에는 6학년 아이들을 한 번 더 보려고 천천히 점심을 먹으면서 계속 문 쪽을 바라보며 기다렸다고 했다.

6학년 교사들과 이날 아이들 반응에 대해서 이야기 나누었다. 대체적으로 6학년 아이들은 시간이 짧았다, 또 오고 싶다는 등의 반응을 보였고 교사들도 기대 이상의 만남이었다고 만족스러워했다.


### 서로 배려하는 아이들, 뭐 하고 싶어?

두 번의 예비 만남 뒤 짝꿍들이 함께하는 첫 만남을 앞두고 다시 한 번 유·초 교사가 머리를 맞대고 앉았다.

"아이들이 짝꿍을 처음 만나면 어떤 반응을 보일까요?"

"6학년 아이들이 유치원 동생들을 잘 데리고 다닐지 걱정이네요."

"유치원 아이들 중에 우는 아이들도 있을 텐데……."

함께 상의하면서 안전문제 등 걱정도 있었지만 아이들의 특성과 흥미를 고려해서 여러 가지 다양한 의견들이 나왔다. 처음에는 그냥 운동장에서 신나게 뛰면 좋겠다는 의견도 있고 딱지나 달팽이진 놀이를 하자는 의견도 나왔다. 또 어떤 교사는 짝꿍끼리 손잡고 산책을 해도 좋겠다고 했는데 나는 전체 아이들이 함께 노는 대문놀이도 해 보자고 했다. 어느새 교사들이 아이들의 관계를 생각하며 여러 가지 의견을 내고 새로운 생각이 나올 때마다 '아, 그것도 재밌겠다'라고 맞장구를 치면서 감탄을 하는 분위기가 만들어졌다. 그 가운데 짝

꿈과 손잡고 학교를 나들이하는 것과 6학년 아이들이 미리 자신들이 좋아하는 장소에 동생들을 데리고 가서 함께 사진 찍기 활동으로 정했다. 6학년 아이들과 함께할 기대감에 부풀었다.

드디어 짝꿍끼리 첫 만남을 하는 날이었다. 지금까지는 주로 실내에서 만났다면 오늘은 초등학교 운동장에서 만나기로 했다. 유치원 아이들은 모두 이름표를 목에 걸고 운동장 여기저기 흩어져 있고 6학년 아이들이 우르르 뛰어가 '자기 짝꿍 찾기'를 했다. 한동안 왁자지껄 소란스럽더니 모두 자기 짝꿍을 찾아 각 반끼리 손을 잡고 동그란 원을 만들었다.

**눈높이를 맞춰 주는 선배들**

그때 참으로 인상적인 일이 벌어졌다. 6학년과 유치원이 큰 원을 만들었는데 높이가 유치원 아이들의 키와 꼭 맞았다. 6학년 아이들이 무릎을 꿇거나 자기 몸을 낮추어 눈높이를 맞춘 것이다. 그 모습을 보며 나를 포함한 모든 교사들이 감탄을 했다.

인사를 나눈 다음에는 '좋아하는 장소에서 함께 사진 찍기'를 했다. 6학년 아이들은 대다수 사진 촬영 장소를 미리 정해 둔 상태였다. 이때에도 예상하지 못한 상황이 벌어졌다. 누가 먼저랄 것도 없이 대부분 6학년 아이들은 유치원 동생들에게 눈높이를 맞추며 어느 장소가 마음에 드는지, 어디에서 찍고 싶은지 물었고 동생들이 원하는 장소에 가서 사진을 찍었다. 사진 찍으러 가는 모습도 매우 다양했다. 아이들과 손을 잡고 두런두런 이야기 나누는 모습, 손을 번쩍 들어 그네를 태워 주는 모습, 아예 업고 다니는 아이들, 주변에 보이는 꽃 이야기를 나누면서 가는 아이들 모두 아름다운 동행이 되어 즐겁게 걸어갔다. 다섯 살 동생이 힘들다고 하자 업어 주면서 연신 웃는 모습도 보였고, 무조건 유치원 아이들이 달려서 끊임없이 따라다니느라 진이 다 빠진 6학년 여학생들은 나에게 와서 신세한탄도 했다. 그렇게 저마다의 방식으로 관계를 맺으면서 즐거운 시간을 보냈다. 예정 시간보다 20분 정도 여유가 있어서 유치원 교사들이 대문놀이를 하자고 제안하자 모두들 재미있겠다고 하면서 적극적으로 참여했다. 그 자리에서 대문놀이 방법을 설명해 주자 6학년 아이들은 우왕좌왕하면서도 동생들을 위해 세상에서 가장 길고 튼튼한 대문을 만들었다. 6학년 아이들이 만들어 준 대문을 유치원 동생들이 하나둘씩 통과할 때마다 6학년들의 환영의 소리가 마치 노랫소리처럼 아름답게 들렸다.

"아, 귀여워!"

"조심조심! 동생들 다치지 않게 해!"

아이들의 노랫소리를 들으면서 어찌나 즐겁게 대문놀이를 하던지. 그 장면을 떠올리면 지금도 뭉클하다. 헤어질 땐 서로 아쉬워서 6학년 아이들이 더 놀자며 여기저기서 떼쓰는 소리도 들렸고 동생들도 열심히 손을 흔들어 주며 다음 만남을 기약했다.

## 반짝반짝 빛나던 별 같은 순간들

"아, 병설유치원은 이런 맛이 있구나!"

"그럼. 언제든 마음만 먹으면 선배들을 만날 수 있는 아주 커다란 매력이 있지!"

내가 우리 유치원과 6학년 아이들의 만남을 자랑할 때마다 윤 선생은 연신 감탄을 하며 재미있다고 했다. 생각해 보니 우리 아이들의 이야기는 한 편의 드라마 같은 순간이 많았다. 첫 만남 이후 유·초 연계 활동으로 단오 맞이, 물총놀이, 같이 점심밥 먹기, 학교로 소풍 가기, 재래시장 함께 가기 등 많은 시간을 함께 보냈다.

단오 때는 놀이가 익숙하지 않은 6학년들이 어떻게 동생들과 함께 놀 것인지가 풀어야 할 숙제였다. 이 이야기를 들은 6학년 아이들은 스스로 유치원으로 놀이를 배우러 찾아오겠다고 했다. 몇 명이나

올까? 안 오면 어쩌지 했는데 첫날 아침에 20여 명의 아이들이 우르르 몰려와서 깜짝 놀랐다. 그 뒤로 유치원 교사들이 아침에 차 한 잔 마시려고 자리를 잡을라치면 6학년이 부르는 소리가 들렸다.

"선생님, 우리 왔어요. 빨리 놀아 주세요."

나가 보면 유치원 앞마당에 아이들이 기다리고 있었다. 그 아이들에게 동생들과 할 수 있는 고무줄과 딱지놀이, 달팽이진 놀이 등을 알려 주며 함께 놀았다. 배우러 온 아이들보다 가르치는 유치원 교사들이 더 신나게 놀았던 기분 좋은 추억이었다.

유난히 뜨거웠던 여름, 1학기 마지막 유·초 연계를 앞두고 있었다. 유치원 교사들은 6학년 아이들 덕분에 행복한 한 학기를 보냈기에 늘 고마운 마음이 있었다.

"그동안 6학년 아이들이 동생들을 위해 많이 베풀고 보살펴 주었는데 이번에는 모두가 마음껏 즐기는 활동이면 좋겠어요."

6학년 교사들에게 이런 뜻을 전했고 함께 논의를 한 후, '물총놀이'와 '함께 점심밥 먹기'를 하기로 했다. 혹시 아이들이 시시해할지도 모른다는 의견도 있었지만 날씨가 35도 이상을 넘는 이때 물총놀이는 그야말로 신의 한 수였다. 아이들은 물론 교사들도 흠뻑 젖어서 소리 지르고 뛰어다니며 물총놀이에 빠져 즐거워했는데 이때도 생각지 못한 모습이 보였다. 아이들은 신나게 놀다가도 유치원 동생 짝꿍의 물총에 물이 있는지 살폈고, 동생 물총에 물이 떨어지면 얼른 물을 가득 채워 주었다. 그리고 더워하는 동생은 그늘로 데리고 가는 등 여전히 동생들을 먼저 보살폈다.

6학년 아이들 달팽이진 놀이

물총놀이 후 함께 밥을 먹을 때도 아이들은 동생 식판을 옮겨 주고, 더 안 먹겠다는 동생에게 국수 한 젓가락 더 먹게 하려고 달래며 애쓰고, 동생과 다정하게 수다를 떨며 밥을 먹었다. 다 먹은 후에는 남은 음식도 함께 처리해 주고, 다정히 손잡고 유치원 교실로 데려다 주는 등 정말 정겨운 모습들을 볼 수 있었다. 여섯, 일곱 살 반 아이들은 선배들과 함께 밥 먹기를 무척 좋아하는 것 같았다. 그런데 다섯 살 우리 반은 좀 달랐다. 물총놀이를 할 때는 재미있게 잘 놀더니 밥을 먹을 때는 손을 뿌리치거나 내 다리를 붙잡고 매달리며 급식소에 들어가려고 하지 않았다. 돌아보니 다섯 살 아이들은 낯선 상황에 익숙해지기까지 시간이 더 필요한 것 같다.

2학기 개학을 하고 추석이 지나자 어느덧 학교에도 가을바람이 불어왔다. 학교 담의 담쟁이덩굴에 단풍이 드는 모습을 보며 우리 학교로 가을소풍을 가기로 계획했다.

"애들아, 세 밤만 자면 우리 맛있는 간식 싸서 소풍 갈 거야."

"선생님, 소풍 어디로 가요?"

현우가 물었다.

"아, 우리 학교로 갈 거야."

"학교로 어떻게 소풍을 가요?"

옆에 있던 예은이가 물었다.

"왜 못 가? 6학년 언니, 오빠들이랑 맛있는 간식 싸 가지고 갈 건데."

**동생 물총에
물을 담아 주는 형**

동생아, 우리 뭐 하고 놀까?

내가 대답하자 아이들 질문이 또 쏟아졌다.

"근데 왜 학교로 가요? 소풍은 버스 타고 가야 되는데."

"아니, 꼭 버스 타고 가지 않아도 돼. 우리 학교에 아주 예쁘게 단풍이 들었어. 나무 밑에 돗자리 깔고 간식도 먹고 보물찾기도 할 거야."

모두들 신난다며 선배들 만날 날을 다른 때보다 유난히 손꼽아 기다렸다.

드디어 학교로 소풍 가는 날. 아이들과 함께 선배들 만나러 운동장으로 나갔다. 기분 탓일까? 유난히 하늘이 파랗고 높아 보였다. 운동장에는 울긋불긋 붉게 물든 가을 나무들이 빛을 받아 더 반짝거리며 반겨 주었다. 원하는 장소에 돗자리를 펴고 준비한 간식을 놓은 다음 짝꿍 손을 잡고 보물찾기를 했다. 대다수 6학년 아이들은 보물을 찾아 유치원 동생들에게 주었고 동생들은 그 보물을 세상에서 가장 귀한 물건인 것처럼 대했다.

모두가 기다리던 간식시간에도 6학년 아이들은 간식을 꺼내어 동생 입에 먼저 넣어 주고 나서야 자기들도 먹었다. 한쪽에서는 우리 반 예은이가 아기 참새처럼 입을 벌리고 짝꿍 언니가 간식을 넣어 주는 것을 받아먹고 있었다. 짝꿍 오빠에게 온전히 마음을 주지 않던 세연이도 기분이 좋은지 오빠 얼굴을 똑바로 쳐다보고 웃으며 간식을 먹었다. 커다란 운동장에선 마치 운동회 날 온 가족이 모여 점심을 먹는 듯한 정감이 느껴졌다.

"소풍은 학교 밖으로 나가야 한다고 생각했어요. 학교에서도 이렇

**학교로 소풍 나온 아이들**

게 편안하고 여유 있는 시간을 가질 수 있군요."

"이건 일하는 게 아니라 힐링하는 것 같아요."

교사들도 학교에서 하는 가을소풍이 주는 묘한 매력에 시간 가는 줄 모르고 수다를 떨었다.

## 6학년들로 북적대는 유치원 교실

짝꿍을 정하고 며칠 후부터 유치원에는 정말로 신기한 일이 생겼다. 6학년 또래 아이들보다 키는 한 뼘쯤 더 크고 덩치도 유난히 큰 남자 아이 한 명이 찾아오기 시작했다. 처음엔 말없이 미소만 짓고 사라지

동생아, 우리 뭐 하고 놀까?

더니 어떤 날은 유치원 아이들 몇 명에게 목마를 태워 주고 갔다. 점심 먹고 나서 나들이할 때, 놀이터에서 놀고 있을 때, 때로는 교실 주변을 어슬렁거리면서도 쉽게 동생들에게 다가오지 못하는 모습을 몇 번 본 뒤로 어느 날부턴가 나는 그 아이를 기다리게 되었다. 그 아이에게 동생들 보고 싶어서 왔느냐고 묻자 얼굴이 환해지며 '네' 하고 대답하는 그 한마디가 참 고마웠다.

어느 날 점심을 먹고 우리 아이들과 나들이를 하고 있을 때 그 아이가 다시 나타났다. 그런데 조금 뒤에 봤더니 우리 반 아이들 예닐곱 명이 오빠 다리에 매달려 있고 심지어 한 아이는 안겨 있었다. 그 모습을 보고 얼른 뛰어가서 안겨 있는 우리 반 아이에게 형이 힘드니 내려오라고 했다. 그러자 그 아이는 땀을 뻘뻘 흘리면서도 괜찮다며 오히려 나를 안심시켰다. 그동안 몇 번 봐서 얼굴도 익혔고 몇 마디 짧게 말은 주고받았지만 정작 이름도 모른다는 생각에 물어보았다. '정영훈'이라고 작게 말하며 부끄러워하는 아이를 보며 이 아이와 특별한 인연이 될 것 같다는 예감이 들었다. 그렇게 시작한 영훈이와 인연으로 우리 유치원에서는 또 다른 신기한 일들이 벌어졌다. 바로 유치원 놀이터의 변화이다.

그동안 유치원 바깥 놀이터에서 초등학교 아이들을 거의 볼 수 없었다. 그런데 영훈이가 우리 유치원에 찾아오고부터는 유치원 놀이터가 6학년 아이들로 북적거렸다. 교사생활 하면서 한 번도 보지 못한 풍경이었다. 우리 아이들은 바깥놀이를 할 때 영훈이를 비롯해 6학년 아이들 수십 명의 보살핌을 받으며 즐겁고 신나게 놀게 되었다. 어느 날 박 선생이 신나서 말했다.

"선생님, 우리 반에도 6학년 아이들이 오기 시작했어요."

"어, 정말! 영훈이가 아이들을 몰고 다니네."

"그러게요. 영훈이가 오고부터 한두 명씩 다른 반 아이들도 오기 시작했잖아요."

"맞아요. 우리도 영훈이가 하루라도 제 시간에 나타나지 않으면 찾게 되잖아요."

그렇게 교사들도 심심찮게 영훈이 이야기로 꽃을 피우는 시간이 늘어났다. 영훈이 뒤를 이어 거의 매일 찾아오는 아이들이 늘어 가기 시작했다. 10분도 안 되는 짧은 시간이지만 손잡고 나들이를 해 주기도 하고, 아무 말 없이 짝꿍 얼굴만 보고 가는 아이, 무조건 안아 주고 신나게 놀아 주는 아이 등 다양한 방법으로 자신의 마음을 나눠 주려는 아이들로 유치원은 북새통을 이루었다.

영훈이는 일단 유치원에 오면 짝꿍인 서영이에게 가서 먼저 인사를 하고 어디론가 사라졌다. 그래서 영훈이가 오늘은 어느 반에 들어가 있는지 궁금해서 교사들도 찾기 일쑤였다. 영훈이는 어느 순간 서영이만의 짝이 아닌 유치원 전체 아이들의 짝꿍이 되어 있었다. 색종이를 접어서 가방에 한가득 담아 와 이 교실, 저 교실 다니면서 나눠주고, 동화책 읽어 주기, 노래 불러 주기, 손 인형으로 동화 들려주기 등 유치원에 또 한 명의 선생이 생긴 것 같은 착각이 들 정도였다.

영훈이는 처음 유치원에 올 때는 친구들을 한두 명 데리고 오더니 시간이 조금 지나자 스무 명 정도를 우르르 끌고 왔다. 일곱 살 반에

영훈이에게 매달려 있는 유치원 아이들

들어가서는 1학년 올라갈 때 무얼 준비해야 하는지 등 매일 조금씩 강의 아닌 강의를 하는데 이야기를 듣는 일곱 살 아이들은 뭐가 그리 궁금하고 신기한지 눈을 동그랗게 뜨고 바르게 앉아서 귀 기울여 듣는다고 했다. 그 이야기를 들으며 우리는 영훈이가 나중에 유치원 교사가 되면 참 잘하겠다며 웃었다. 그렇게 예쁜 우리 영훈이에 대해서 6학년 담임교사에게 정말 믿기 어려운 이야기를 들었다.

"선생님, 영훈이가 유·초 연계하기 전까지는 점심밥을 늘 세 그릇이나 먹고 제일 늦게 급식소를 나갔어요. 그런데 요즘은 한 그릇만 먹고 제일 먼저 급식소를 나가서 웬일인가 했더니 동생들을 만나러 가는 거였어요."

그 말을 듣고 나는 정말 놀랐다.

"어, 진짜요? 우리 영훈이에게 그런 비밀이 있었다니, 다음에 만나면 한번 안아 줘야겠어요."

다음 날 어김없이 유치원에 나타난 영훈이를 보자마자 기쁜 마음으로 등을 토닥이며 안아 주었다. 일 년을 돌아보니 내가 유·초 연계를 통해 느낀 가장 큰 보물은 영훈이와 6학년 아이들이 일상적으로 우리 유치원에 오면서 함께 살아가는 관계에 대한 배움을 얻은 것이다. 유·초 연계 덕분에 만들어진 마법 같은 시간 속에서 유치원 아이들과 교사들은 참으로 행복했다.

## 탐스럽게 영글어 가는 서로의 관계

'초등학교와 유치원은 별개지, 뭐!'

내가 유·초 연계를 하기 전에는 이런 생각을 하고 있었다. 그런데 유·초 연계 1년을 하고 난 지금은 초등학교 아이들을 바라보게 되고 초등학교 교사들과도 동료라는 생각이 자연스럽게 든다. 다른 교사들은 어떤 변화를 느끼는지 궁금해서 우선 가장 가까이에서 늘 이야기를 나누었던 채 선생에게 물었다.

"사회적 형제자매 관계를 맺어 주자고 시작한 것이었는데 교사들이 노력하지 않아도 자리를 만들어 주었더니 아이들이 스스로 관계를 만들고 자연스럽게 유·초 연계를 만들어 간 것이 가장 인상적이었어요."

유·초 연계로 만날 때마다 좋다는 이야기는 늘 했지만, 정작 학년 말에 너무 바빠서 얼굴을 보고 이야기를 나눌 수 없었던 6학년 교사들에게 소감을 묻는 문자를 보내자, 이 선생과 정 선생이 답을 보내왔다.

"유·초 연계가 동학년 학생들로 한정된 유대에서 벗어나서 자기보다 어린아이들을 돌보며 평소와 다른 애착관계 형성을 경험한다는 점이 좋았습니다. 이런 기회가 확대되어야 한다고 생각하고, 많은 교사들에게 장점들이 공유되고 유·초 연계를 시도해야 한다고 생각해요. 저는 학생들이 학교에서 학업 이외의 분야에 즐거움을 느꼈다는 점, 매일 와서 혼자 놀던 아이들이 함께 놀 수 있는 방법을 배웠다는 점이 제일 좋았습니다."

"저는 유·초 연계하면서 인성적인 부분에서 배려심과 이해심을 스스로 기르고 경험하는 고학년 아이들의 변화된 모습이 보기 좋았습니다."

이처럼 유·초 연계를 직접 추진한 교사들의 반응도 좋았지만 다른 학년에서도 관심을 갖고 고학년과 저학년이 학년 연계를 해 보면 좋겠다는 의견이 나와서 더 반가웠다.

한편, 아침저녁으로 아이들을 데리러 오는 부모들도 유·초 연계에 관심을 보였다.

"우리 아이가 외동이라 집에서 혼자 지내는 것이 안쓰러웠는데, 유치원에서 형들이 잘 보살펴 주고 잘 놀아 준다고 집에 와서 이야기를 하니까 참 좋았어요."

"내년에도 이런 거 또 하는 건가요? 꼭 했으면 좋겠어요. 우리 예은이가 짝꿍 언니를 너무 좋아하네요. 집에 와서 언니 이야기를 많이 해요."

대다수 학부모들은 유·초 연계에 대해 만족했지만 몇 명 학부모들은 불만을 나타냈다.

"짝꿍은 어떻게 정한 거예요?"

"우리 아이 짝꿍은 왜 남자예요?"

불만의 대부분은 짝꿍에 대한 내용이었는데 첫해라서 아이들이 만났을 때 어떤 상황이 생길 수 있는지 미처 생각을 못했다. 그래서 가능하면 동성끼리 짝꿍을 해 주고 싶었는데 남녀 비율이 안 맞아서 조절해 주지 못했다. 그리고 짝을 일단 정한 후에 바꾸기도 어려워

동생아, 우리 뭐 하고 놀까?

서 그대로 진행했는데 그런 부분이 부모들은 불만이었나 보다. 교사들은 이런 점들을 고려해서 내년에는 좀 더 세밀한 계획을 세우자고 이야기를 했는데, 내가 학교 근무 만기라 다른 학교로 전근을 간 뒤에도 과연 이어질 수 있을까 걱정이 되었다.

그러던 어느 날, 박 선생이 내게 두툼한 파일 철을 보여 주었다.

"선생님, 이게 뭐예요?"

"아, 이거 지금까지 진행한 유·초 연계 활동을 모아 본 거예요."

"대단하다! 언제 이렇게 다 정리했어요?"

"내년에 할 때 참고하려고 틈틈이 정리했어요."

누가 시키지도 않았는데 박 선생이 유·초 연계의 속살을 잘 이해하고 꾸준히 이어 갈 계획을 세우는 것을 보고 앞으로도 이 프로그램이 계속될 수 있다는 확신이 들었다. 내가 겪은 유·초 연계 경험을 주변 유치원 교사들에게 이야기를 할 때도 많은 관심과 기대를 보였다.

나는 올해 한 학급에 10명 안팎의 아이들이 다니는 시골 학교로 전근을 간다. 그곳에서 초등학교 한 학년하고만 연계를 할 것이 아니라 가능하면 모든 학년과 골고루 연계를 하면 좋겠다는 생각을 한다. 학교 전체가 화목한 형제자매로 맺어지는 유·초 연계가 된다면 얼마나 좋을까?

# 부록

# 유·초 연계 이런 게 궁금해요

**Q1** 유·초 연계는 몇 학년이 적당한가요?

어떤 학년이든 다 가능합니다. 다만 나이 차가 적은 저학년보다는 4~6학년이 더 잘 보살필 수 있습니다. 여러 학교의 사례에서 유치원과 6학년이 연계를 한 경우 6학년은 졸업하면 짝꿍 동생을 볼 수 없고, 동생들은 초등학교에 입학했을 때 아는 선배가 없어서 서로 안타까워했습니다. 이 과정을 지켜보면서 6학년보다는 입학했을 때 반갑게 맞아 줄 수 있는 4, 5학년이 더 좋겠다는 의견이 많았습니다.

**Q2** 유·초 연계는 어떤 활동이 좋을까요?

놀이와 나들이 등을 할 수가 있어요. 더 어린 유치원 아이들이 좋아하고 익숙한 곳에서 놀고 나들이할 때 더 편안하게 관계를 맺을 수 있었어요. 아이들과 미리 어떤 활동을 하고 싶은지 이야기를 나누어 보고, 교사들도 유·초 연계의 속살을 채울 수 있는 활동에 대해 서로 협력하고 함께 찾아볼 수 있어요. 또 계획한 대로 이끌려고 하지 말고 상황에 따라 아이들이 좋아하는 것을 제안을 받아서 하면 좋아요.

동생아, 우리 뭐 하고 놀까?

도움이 필요하면 마을배움길연구소(043-271-4482)로 연락 주시면 놀이와 나들이, 강강술래 등 교사 연수를 지원할 수 있습니다.

**Q3** 우리 반 친구들에게 뭐라고 하면서 동생들을 만나자고 하면 좋을까요?

"얘들아, 유치원 선생님이 유치원 아이들하고 놀이와 나들이를 하고 싶어 해. 동생들도 신나게 놀고 나들이도 가고 싶은데 동생들은 많고 선생님은 혼자라서 힘들대. 우리가 도울 일이 없을까?"

"너희들이 유치원 때 초등학교 언니, 형들이 놀아 주고 함께 나들이를 해 주었다면 어땠을까?"

이렇게 초등 아이들에게 유치원 때 초등학교 언니, 형들이 함께 놀아 주었다면 어땠을지 이야기를 하고 놀이와 나들이를 못하는 유치원의 현실을 이야기해 주면 아이들이 쉽게 공감할 수 있어요.

**Q4** 유·초 연계를 하고 싶지 않다는 아이들이 있을 때는 어떻게 하나요?

무엇 때문에 싫은지 그 아이의 이야기에 깊게 공감해 주세요. 혹시 유치원 시절에 상처가 있어서 하기 싫은 것일 수도, 아니면 형제자매 관계에서 어려움이 있는지 등을 듣다 보면 그 아이의 상황을 이해하는 계기가 돼요. 또 다른 친구들의 경험도 나누다 보면 생각이 바뀌기도 해요. 그래도 싫다고 하면 다른 친구들이 하는 것을 보면서 자연스럽게 관계를 만들어 가도록 해요. 동생이 거부하는 경우에는 서로 익숙해질 때까지 유치원 선생님과 짝꿍 언니, 형이 함께 다니는 것도 좋아요.

## Q5 교사들에게 유·초 연계 활동을 어떻게 제안할까요?

초등 교사가 유치원 교사에게 제안할 경우 유치원이 놀이와 나들이를 어려워하는 원인을 이야기하고 그 어려움에 대해 공감해 주면서 제안해 보세요.

초등 교사가 동료 교사에게, 유치원 교사가 초등 교사에게 제안할 경우에는 유·초 연계를 통해 관계를 맺는 모든 아이들이 함께 성장할 수 있는 기회라고 말해요.

## Q6 짝은 어떻게 정해 주는 게 좋을까요?

연계 맺을 학교와 유치원의 상황에 따라 다 다릅니다. 우선 교사들이 미리 상의를 해서 관계를 맺을 아이들의 특성을 고려해서 일대일로 정해 주면 가장 깊은 관계를 맺을 수 있어요. 하지만 초등 아이들이 많으면 두세 명이 한 동생을 볼 수도 있고, 동생이 많은 경우는 반대로 한 명이 두세 명을 돌보는 방법도 있어요. 또 되도록이면 짝꿍은 같은 성별끼리 맺어 주는 편이 좋아요.

## Q7 짝이 마음에 들지 않아서 바꾸고 싶어 하는 아이들이 있을 때에는 어떻게 하면 되나요?

아이가 짝을 바꾸고 싶어 하는 까닭을 물어보세요. 상대방이 자기를 함부로 대해서 힘들어하는 경우 직접 이야기하여 풀도록 하거나, 반 아이들과 이런 문제에 대해 토의해서 해결 방안을 찾아보고, 교사와 상의해서 자기의 입장을 전하는 방법도 있어요. 가능하면 한 번 정해

동생아, 우리 뭐 하고 놀까?

진 짝꿍은 계속 이어 가는 것이 좋지만 정말 힘들어하는 경우에는 아이들과 상의해서 짝꿍을 바꾸어 주세요.

## Q8 놀이하다가 갈등 상황이 생기면 어떻게 해결하나요?

갈등 상황이 생기면 그 아이들의 생각을 들어 보고 교사가 서로의 입장과 처지를 이해할 수 있도록 조언해 줍니다. 활동을 마친 후에 아이들과 갈등 상황에 대해 함께 이야기를 나누고 앞으로 그런 상황에서 어떻게 서로를 도울지 규칙을 정해 보세요.

## Q9 병설유치원이 없을 때는 어떻게 하나요?

초등학교로 입학한 아이들이 다니는 가까운 사립유치원이나 어린이집과 함께 하면 돼요.

## Q10 유·초 연계 활동을 할 때 교사는 어떤 역할을 하면 좋을까요?

유치원과 초등 교사의 협력이 중요해요. 여러 학급이 함께 할 경우에는 워크숍을 통해 서로의 상황을 이해하고 계획을 함께 나누면 좋아요. 유치원 교사는 초등 아이들을, 초등 교사는 유치원 아이들을 이해하는 기회가 되고, 아이들이 깊은 관계를 맺을 수 있도록 지원하고, 서로 알게 된 사실을 공유하는 되먹임 과정이 필요합니다.

― 용인 평화샘에서 정리

# 돋움·이끎·자람으로 이어 가는 행복 마을 이야기

## 목적

우리의 전통문화를 공유하면서 공동체성과 보살핌, 배려 배우기

1) 유치원과 초등학교에 대한 상호 교육과정의 이해 증진

2) 연계 교육 기회 제공으로 유치원 교육과정의 효율적인 운영 모색

3) 공동체 문화를 바탕으로 따돌리지 않고 함께 놀며 평등한 아동문화 만들기

## 방침

매일 공동체 놀이하고, 월 1회 역할극 하고, 나들이하기

1) 매일 초등학교 중간놀이 시간에 함께 참여(10:30~10:50) / 유치원 전체

2) 매일 초등학교 2학년과 놀이하기(10:50~11:30) / 일곱 살 반과 초등 2학년

3) 매월 1회 평화로운 관계 만들기를 위한 역할극 하기 / 일곱 살 반과 초등 2학년

4) 매월 셋째 주 수요일 동생과 함께 하는 나들이 / 유치원 전체와 5학년 전체

# 연간 교육 계획

| 중간놀이 시간 | | | | |
|---|---|---|---|---|
| 월 | 활동 내용 | | | 비고 |
| | 놀이 주제 | 내용 및 방법 | 준비물 | |
| 3 | 대문놀이 | 두 명이 짝이 되어 마주 보고 손뼉을 치면서 문을 만들면, 그 속을 통과한다. | | |
| 4 | 달팽이진 놀이 | 운동장에 그려진 달팽이진 놀이에서 놀이 방법과 규칙을 알아 가며 논다. | | |
| 5 | 꼬마야꼬마야 | 2학년들이 줄을 돌리면 유치원들이 긴 줄넘기를 한다. | 긴 줄 | |
| 6 | 딱지치기 | 우유갑으로 딱지 접는 방법도 익히고 딱지치기를 배워서 함께 논다. | 우유갑 딱지 | |
| 7 | 사방치기 | 운동장에 그려진 사방치기 그림에서 놀이 방법과 규칙을 알아 가며 논다. | | |
| 9 | 비석치기 | 던지기–도둑 발–토끼뜀–오줌싸개– 편지배달–계급장–떡장수–눈감기의 순서대로 익히며 논다. | 비석 | |
| 10 | 팽이치기 | 팽이치기 방법을 익혀 논다. | 팽이 | |
| 11 | 연날리기 | 각자의 연을 준비하여 연날리기를 한다. | 연 | |
| 12 | 동무동무씨동무 | 여러 명이 어깨를 걸고 발을 맞춰 가며 보리밟기를 하는 노래와 놀이를 한다. | | |

| 2학년과 일곱 살 반의 놀이와 평화로운 규칙 만들기 | | | | |
|---|---|---|---|---|
| 월 | 주 | 활동 내용 | | |
| | | 놀이 주제 | 내용 및 방법 | 준비물 | 비고 |
| 3 | 3 | 대문놀이 | 두 명이 마주 보고 문을 만들며 통과하는 놀이 | | 강강술래 |
| | 4 | 쌀보리 | 두 명이 마주 보고 쌀보리 하기(단계 익히기) | | |
| 4 | 1 | 달팽이진 놀이 | 달팽이 그림을 따라 양편에서 달려와 가위바위보를 하며 승패를 겨루기 | | |
| | 2 | 꼬리만들기 | 가위바위보를 하며 긴 꼬리를 만들기 | | |
| | 3 | 남생이놀이 | 둥글게 원으로 서서 상황에 따라 놀기 | | 강강술래 |
| | 4 | 방어자 되기 | 괴롭힘에 대해 알고 막아 주는 방어자 알기 | | 역할극 |
| 5 | 1 | 꼬마야꼬마야 | 긴 줄넘기 | 긴 줄 | |
| | 2 | 손바닥씨름 | 두 명이 마주 보고 손바닥으로 미는 씨름 | | |
| | 3 | 개고리타령 | 둥글게 원으로 서서 상황에 맞게 놀기 | | 강강술래 |
| | 4 | 친구야 놀자 | 혼자 있는 친구와 함께 노는 역할극 | | 역할극 |
| 6 | 1 | 딱지치기 | 우유갑 딱지 접기와 딱지치기 | 우유갑 딱지 | |
| | 2 | 실꾸리 똘똘 | 두 명이 손을 마주 잡고 둥글게 돌기 | | |
| | 3 | 손치기발치기 | 두 명이 짝을 지어 동작하기 | | 강강술래 |
| | 4 | 별명은 싫어 | 친구가 싫어하는 별명에 대해 알기 | | 역할극 |
| 7 | 1 | 사방치기 | 사방치기 그림판에서 놀기 | 큰 지우개 | |
| | 2 | 실구대 | 손가마를 만들어 노래하며 놀기 | | |
| | 3 | 바늘귀 꿰기 | 전체가 한 사람의 동작을 흉내 내며 놀기 | | 강강술래 |
| | 4 | 너하고 안 놀아 | 따돌림에 대해 알고 역할극 하기 | | 역할극 |

동생아, 우리 뭐 하고 놀까?

| | | | | | |
|---|---|---|---|---|---|
| 9 | 1 | 비석치기 | 양편으로 나뉘어 놀기 | 비석 | |
| | 2 | 쥐야쥐야 | 충주지방의 다리세기 놀이 | | |
| | 3 | 고사리끊기 | 10인 1조로 연습하기 | | 강강술래 |
| | 4 | 집단따돌림 | 모두가 한 명을 괴롭히는 상황 역할극 하기 | | 역할극 |
| 10 | 1 | 팽이치기 | 여러 가지 팽이치기 방법 알기 | 팽이 | |
| | 2 | 너리기펀지기 | 충북 남부 영동지방의 여성 대동놀이 | | |
| | 3 | 덕석몰기 | 한 반이 한 줄로 말고 풀기 | | 강강술래 |
| | 4 | 집단따돌림 | 방어자가 두 명인 상황 역할극 하기 | | 역할극 |
| 11 | 1 | 연날리기 | 자기 이름과 꿈을 그리고 연날리기 | 연 | |
| | 2 | 가벼우냐맹꽁 | 두 명이 짝을 지어 등을 맞대고 업어 주기 | | |
| | 3 | 문쥐새끼 | 한 반이 두 편이 되어 꼬리잡기 놀기 | | 강강술래 |
| | 4 | 집단따돌림 | 모두가 방어자인 상황 역할극 하기 | | 역할극 |
| 12 | 1 | 동무동무씨동무 | 어깨동무로 한 줄이 되어 발맞추어 걷기 | | |
| | 2 | 닭싸움 | 두 명이 마주 서서 닭싸움하기 | | |
| | 3 | 공깃돌 핀치기 | 공깃돌로 따먹기 하기 | 공깃돌 | |
| | 4 | 강강술래 | 전체 부분 놀이를 이어서 대동놀이 하기 | | 강강술래 |

| 5학년 손잡고 우리 마을 나들이 | | | | |
|---|---|---|---|---|
| 월 | 활동 내용 | | | |
| | 놀이 주제 | 내용 및 방법 | 준비물 | 비고 |
| 3 | 봄보물 찾기 | 학교에서 봄소식을 전하는 꽃 찾기 | 돋보기 | |
| 4 | 나무 새순 찾기 | 학교와 유치원에 있는 나무의 새 순 찾기 | 돋보기 식물도감 | 화전, 쑥버무리 만들기 |
| 5 | 소나무 꽃과 늘푸른 나무 | 소나무의 꽃과 꽃가루 관찰하고 늘푸른 나무의 특징 알기 | 루페 식물도감 | 단오 |
| 6 | 충주천 가 보기 | 유치원 옆 충주천에 가서 생물들 관찰하기 | 루페 | 학교 밖 |
| 7 | 곤충 찾기 | 학교와 유치원에 있는 곤충 찾기 | 돋보기, 루페, 곤충도감 | |
| 9 | 학교 주변 돌기 | 학교와 유치원 주변의 상가와 마을을 돌며 안전한 보행 지도하기 | | 학교 밖 |
| 10 | 벼가 익어요 | 학교의 벼를 관찰하고 나락 개수 세어 보기 | 검은 도화지 | 추석 |
| 11 | 열매 맺는 식물들 | 학교와 유치원에서 열매 맺는 식물 관찰하기 | 돋보기 식물도감 | |
| 12 | 단풍과 겨울눈 | 학교와 유치원에 있는 식물의 겨울눈 관찰하기 | | |

**기대 효과**

1) 유·초 교육과정의 상호 이해로 교육 내용의 연계성이 높아짐

2) 핵가족화에 따른 형제자매 간의 보살핌 기능 단절을 극복할 수 있음

3) 유치원과 초등학교 간의 지속적인 협력으로 교육 주체의 신뢰성 회복

4) 서로 존중하고 배려하는 마음이 높아지고 평등한 관계가 형성될 것임

5) 유·초, 초·중, 중·고 연계의 바탕이 될 것이며 생활의 기반인 지역에서 통합교육이 가능하고 마을공동체 문화의 기반이 가능해짐.

동생아, 우리 뭐 하고 놀까?

# 충주남산초 유·초 연계 교육 실현 방안 협의 다모임 운영 계획 공문

(내부결재)

## 제목: 유·초 연계 교육 실현 방안 협의 다모임 운영 계획

2017학년도 행복씨앗 운영 계획에 의하여 유·초 연계 교육 실현 방안 협의를 위한 다모임을 아래와 같이 운영하고자 합니다.

1. 일시: 2017. 12. 13.(수) 15:30
2. 장소: 남산유치원 2층 강당
3. 참석자: 남산초등학교 교사, 남산유치원 교사 약 60명
4. 모임 주제: 유·초 연계 교육
5. 시간 운영 계획
   - 전체 진행 : ***

| 시 간 | 주 제 | 담 당 |
|---|---|---|
| 15:30~15:45 | 유·초 연계 교육의 이해 | 충주남산초 교사 *** |
| 15:45~16:00 | 놀이와 나들이를 통한 유·초 연계 교육 | 충주남산초 교사 *** |
| 16:00~16:20 | 초등학교 선생님께 들려주는 유·초 연계 교육 | 충주남산유 교사 *** |
| 16:20~16:40 | 질의응답 | |

끝.

## 초등학교 입학 전 아동과 부모님의
## 충주남산초 '학교 방문의 날'

### 남산초등학교에 입학할 아동의 학부모님들께!

2018년 자녀의 초등학교 입학을 앞둔 부모님들께 축하의 인사를 드립니다. 우리 아이가 초등학교에 입학하면 잘 적응할까? 친구들과는 사이좋게 지낼까? 걱정이 많으시죠. 올해 본교에서는 2학년, 5학년 선배들과 남산유치원 동생들이 만나 전래놀이와 학교 주변 나들이를 하면서 보살핌과 배려의 교육, 좋은 선후배 관계를 맺어 왔습니다. 그리고 남산유치원 7세 반과 부모님들을 학교로 초대해 1학년 교실과 학교 시설 둘러보기, 초등학교 입학 전 궁금하고 불안한 것들을 초등 교사와 함께 이야기하면서 새학년증후군을 없애는 노력을 해 왔습니다. 이에 초등학교 입학을 앞둔 학구 내 모든 아동과 학부모님들을 초대해 학교생활에 대한 궁금증을 해결하고 본교의 공동체 문화를 경험할 수 있는 '학교 방문의 날'을 마련하였으니 학부모님들의 많은 참여 바랍니다.

아          래

1. 대  상: 충주남산초 학구 내 모든 공립·사립유치원, 어린이집에 재원 중인
    아동과 학부모님 중 희망자
2. 일  시: 2017년 12월 26일(화) 13:00~15:00까지
    * 13:00까지 충주남산초 1학년 1반 교실로 오세요.
3. 내  용:

| 시 간 | 대상 | 내용 | 비고 |
|---|---|---|---|
| 13:00~<br>14:00 | 학부모 | 1학년 담임들과의 대화 | 초등학교생활에 대한 모든<br>궁금증을 소통하여 해결하기 |
| | 원아들 | 선배들 손잡고 학교 돌기 | 선배들에 대한 두려움을 없애고<br>친절한 선배들 만나기 |
| 14:10~<br>15:00 | * 강당이나 운동장에서 전래놀이 하기 | | |

4. 기타: '학교방문의 날'의 원활한 추진을 위해 참가 희망을 원하시는 학부모님들께서는 12월 22일(금) 16:00시까지 충주남산초 ***(010-****-****)선생님에게 휴대폰 문자로 연락 주시면 됩니다

# 2018. 유·초 연계 교육 계획
## –보살핌, 공동체, 안전, 지역 교육 실현

### 취지 및 배경 – 목소리 듣기

#### 가. 유치원 교사

"유치원에서는 늘 유·초 연계 교육 계획을 세우긴 해요. 그게 유치원만의 고민이라서 그렇지."

"누리과정에 놀이와 나들이가 기본이지만 아이들이 많아서 안전 문제가 제일 걱정돼요. 그래서 맘 놓고 놀이, 나들이 가는 게 쉽지 않아요."

#### 나. 초등 교사

"유치원 아이들이 놀이와 나들이에 익숙해져서 입학하니 학급운영, 생활지도가 너무 쉬워요."

"책을 통해서가 아니라 진짜 보살필 줄 아는 아이로 성장하는 교육 내용이 있었으면 좋겠어요."

#### 다. 관리자

"유·초 연계 교육은 필요한데 어디서부터 시작해야 할지 고민입니다."

## 목적

가. 유치원 교사와 초등학교 교사가 교육과정 운영의 어려움을 드러내고 서로 협력하는 학교 문화 마련

나. 통합교육의 기반인 놀이와 나들이를 통해 초등학생들이 유치원 동생들과 함께 하는 일상 프로그램으로 자연스럽게 보살핌 교육, 공동체 교육, 안전 교육, 지역 교육을 실현하는 계기 마련

다. 유·초 연계 교육을 실질적으로 진행하는 실천적 프로그램 마련 및 일반화

라. 지역에 있는 유치원, 초등학교와 지역사회가 협력하는 기틀 마련

## 방침

가. 학급 아이들과 유치원 동생들, 교사의 어려움을 충분하게 이야기 나눈 뒤 자발적인 신청을 받도록 한다.

나. 학년 실정에 맞게 교과 및 창의적 체험활동과 연계하여 진행한다.

다. 놀이, 나들이를 동생들과 함께 함으로써 예측되는 문제와 해결 방안에 대해 아이들과 충분한 협의를 거쳐 아이들이 스스로 참여하고 문제를 해결할 수 있는 기회가 되도록 한다.

라. 학년 협의를 통해 세부 계획을 수립하여 추진한다.

## 세부 계획

가. 유·초 연계 교육 인식 공유를 위한 교직원 워크숍

  1) 일시: '교육과정의 날'을 활용하여 실시

  2) 대상: 한솔초 교직원

  3) 내용: 유·초 연계 교육의 뜻과 속살, 유·초 연계 교육의 사례

나. 유·초 연계 교육 실시

동생아, 우리 뭐 하고 놀까?

1) 희망하는 학급과 유치원을 연결한다.

2) 창의적 체험활동 등을 통해 학교교육과정을 운영한다.

3) 유·초 연계 교육 참여 교사들 간의 워크숍을 진행하여 어려움을 나눈다.

다. 수곡동에 있는 유치원, 어린이집 현황 파악-청주시청, 주민센터에 문의
하여 파악

라. 수곡동 차원 유치원, 초등학교 교사 워크숍

1) 일시: 4월 중

2) 대상: 초등학교 교사, 유치원 교사

3) 내용

- 유·초 연계 교육 사례 나눔

- 언니와 동생이 함께 하는 놀이, 나들이 프로그램

- 유치원 희망 학급과 초등학교 희망 학급 연결, 담임교사 간 구체적인
  내용 협의


**기대 효과**

가. 유·초 교육과정을 서로 이해하여 교육 내용의 연계성이 높아질 것임

나. 핵가족화에 따른 형제자매 간의 보살핌 기능 단절을 극복할 수 있는 가
능성이 열릴 것임

다. 유치원과 초등학교 간의 지속적인 협력으로 교육 주체의 신뢰성 회복

라. 서로 존중하고 배려하는 마음이 높아지며 평등한 관계가 형성될 것임

마. 지역사회 내 유·초·중·고 연계성의 바탕이 될 것이며 마을공동체 교육
의 기반이 마련될 것임

## 한솔초 유·초 연계 교육을 위한 교사 워크숍 발송 공문

수신: 수신자 참조

**제목: 2018. 유·초 연계 교육을 위한 한솔초-지역 유치원 교사 워크숍**

1. 관련: 한솔초등학교 — ***(2018. *. **.)호
2. 2018. 유·초 연계 교육을 위한 본교 교사들과 지역 유치원 교사 워크숍을 아래와 같이 추진하고자 합니다.

가. 일시: 2018. 8. 28(목). 18:00 ~ 19:30
나. 장소: 한솔초등학교 첨단교실
다. 대상: 각 유치원·어린이집 원장 및 7세 반 담임교사, 한솔초 유·초 연계 희망 학급 교사 및 희망 교사
라. 내용
   - 유·초 연계 교육 사례 나눔
   - 언니와 동생이 함께 하는 놀이, 나들이 프로그램
   - 유치원 희망 학급과 초등학교 희망 학급 연결, 담임교사 간 구체적인 내용 협의. 끝.

수신자: **유치원장, **어린이집원장, **어린이집원장, **어린이집원장

## 한솔초 유·초 연계 교육을 위한 교사 놀이 워크숍 발송 공문

수신: 수신자 참조

**제목: 유·초 연계 교육을 위한 교사 놀이 워크숍**

1. 관련: 한솔초등학교 – ****(2018. *. **.)호
2. 유·초 연계를 위한 교사 놀이 워크숍을 아래와 같이 진행하고자 합니다.

가. 일시: 2018. 9. 6(목). 17:00 ~ 19:00
나. 장소: 한솔초 한솔관 및 다목적실
다. 내용
  – 놀이 경험 나누기
  – 어렸을 적 놀았던 놀이해 보기
라. 기타: 놀이하기 편한 옷차림 및 운동화.  끝.

## 계절이나 절기별로 볼 수 있는 동식물과 나들이 주제, 놀이 목록 보기

| 월 | 24절기 | 식물 | 동물 | 나들이 주제 | 놀이 |
|---|---|---|---|---|---|
| 3 | 경칩 | 꽃다지, 냉이, 봄까치꽃이 핌 | | 식물 친구들과 인사 나누기<br>봄소식을 전하는 꽃 찾기 | 달팽이진 |
| | 춘분 | 산수유 꽃, 제비꽃, 목련꽃, 회양목 꽃이 핌 | 뿔나비 짝짓기 | 봄 꽃나무의 특징 찾기 - 왜 꽃부터 피울까? | 실꾸리 똘똘<br>남생아 놀아라 |
| 4 | 청명 | 벚나무꽃, 개나리꽃, 참나무 꽃이 핌<br>나무의 새순으로 산의 색이 다채로워짐 | | 봄꽃들은 어떻게 씨앗을 퍼뜨릴까?<br>나무 새순 찾고 관찰하기 | 무궁화 꽃이 피었습니다<br>대문놀이 |
| | 곡우 | 산 전체가 초록이 됨<br>은방울꽃,<br>라일락나무, 은행나무 꽃이 핌 | | 우리 소나무,<br>리기다소나무,<br>잣나무 비교하기<br>은행나무 꽃 찾기<br>- 암그루, 수그루 비교 | 한 줄<br>고무줄놀이 |
| 5 | 입하 | 이팝나무 꽃이 핌,<br>송홧가루가 곳곳에 떨어져 있음<br>해당화 꽃이 핌 | 새 울음소리<br>(뻐꾸기) 듣기 | 소나무 꽃 관찰-<br>왜 송홧가루를 날려 보낼까? | 사방치기 |
| | 소만 | 산의 초록이 뿜어져 신록이 우거짐<br>찔레꽃, 쥐똥나무 꽃,<br>함박꽃이 많이 핌 | | 향기가 나는 꽃 찾기 | 황소씨름 |
| 6 | 망종 | 산색이 신록을 지나 녹음이 됨<br>밤나무 꽃이 핌 | 노린재가 보임 | | 다리세기<br>덕석몰기 |
| | 하지 | 겨울눈이 생기기 시작<br>원추리, 패랭이 꽃이 핌 | 여름철새가 보임 | 변화무쌍한 여름 날씨- 구름 관찰<br>비가 오면 식물들은 어떤 변화가 있을까? | 쌀보리 |

동생아, 우리 뭐 하고 놀까?

| 7 | 소서 | 배롱나무, 분꽃, 백일홍이 핌 | 잠자리, 달팽이, 지렁이를 봄 | 여름 꽃은 왜 화려할까? | 비석치기 |
| | 대서 | 참나리, 상사화, 달개비 꽃이 핌 | 매미가 보임 | 매미 울음소리 듣기 | 공기놀이 |
| 8 | 입추 | 부추, 익모초, 싸리나무, 붉나무 꽃이 핌 분꽃 열매가 익음 | | | 사방치기 |
| | 처서 | 닭의장풀 꽃이 핌, 쇠비름이 한창임 벼꽃이 핌 | 방아깨비, 호랑나비가 보임 | 닭의장풀 생김새 관찰하기 | 꼬리잡기 |
| 9 | 백로 | 분꽃 열매 맺음 | | | 손치기 발치기 |
| | 추분 | 로제트(엉겅퀴, 냉이 등)가 생기기 시작 | 풀벌레 소리가 들림 | 단풍은 왜 들까? 식물의 겨울나기 (로제트 찾기) | 8자 놀이 |
| 10 | 한로 | 국화꽃이 핌, 산수유 열매가 빨갛게 익음 | | 가을곤충 소리 듣기 | 딱지 |
| | 상강 | 서리가 내려 단풍이 시작 | 겨울 철새(쇠오리)가 보임 | 열매 찾기 | 다리세기 놀이 (쥐야쥐야) |
| 11 | 입동 | 여러 나무의 단풍(단풍 비교) | | 단풍 색깔 비교하기 | 실뜨기 |
| | 소설 | 단풍나무와 겨울눈 찾기 | | 단풍나무는 씨앗을 어떻게 퍼뜨릴까? | 구슬치기 |
| 12 | 대설 | 상록수(소나무, 사철나무 등) 잎 관찰하기 | | 해 그림자 길이 재기 | 두 줄 고무줄놀이 |
| | 동지 | 상록수 겨울눈 관찰하기 | | 상록수의 특징 찾기 | 너리기펀지기 |
| 1 | 소한 | 겨울눈(단풍, 산수유) 관찰하기 | | 겨울눈 관찰하기 | 도토리 팽이 |
| | 대한 | 양지바른 쪽에서 봄까치꽃이 피기 시작 | | 성에와 눈꽃 관찰하기 | 팽이치기 |

| 2 | 입춘 | 봄까치꽃이 곳곳에 핌 | | 식물들은 겨울을 어떻게 나고 있을까?(겨울눈, 로제트) | 윷놀이 |
|---|------|---------------------|---|------------------------------------------|--------|
|   | 우수 | 버드나무 물이 오름 냉이, 꽃다지, 민들레꽃이 피기 시작 | | | 강강술래 |

동생아, 우리 뭐 하고 놀까?

글쓴이 소개

**문재현**
마을배움길연구소장/평화샘 프로젝트 책임연구원
『학교폭력, 멈춰!』,『마을에 배움의 길이 있다』,
『젊은 부모를 위한 백만 년의 육아 슬기』,
『별자리, 인류의 이야기 주머니』외 다수의 책이 있음
공동체와 교육, 놀이, 육아, 왕따 문제에 깊은 관심을 가지고 연구, 실천 중임

**김미자**
청주한솔초등학교 교사/평화샘 회원
『학교폭력 어떻게 만들어지는가』,『학교폭력, 멈춰!』외 공동 저자
놀이, 나들이, 이야기, 마을에 관심을 갖고 연구, 실천 중임

**윤재화**
청주한솔초등학교 교장/평화샘 회원
2014년~2017년까지 충주남산초등학교에 근무하며 평화샘에 참여함
2017년에 2학년 아이들과 놀이로 유·초 연계 교육을 실천함

**임오규**
충주남산초등학교 교사/평화샘 회원
『학교폭력 어떻게 만들어지는가』,『학교폭력, 멈춰!』외 공동 저자
놀이, 나들이, 이야기, 마을에 관심을 갖고 연구, 실천 중임

**권옥화**
충주세성초등학교병설유치원 교사/평화샘 회원
2018년 충주금릉초등학교에서 6학년과 유·초 연계 교육을 실천함

# 삶의 행복을 꿈꾸는 교육은 어디에서 오는가?

미래 100년을 향한 새로운 교육 **혁신교육을 실천하는 교사들의 필독서**

## ▶ 교육혁명을 앞당기는 배움책 이야기
혁신교육의 철학과 잉걸진 미래를 만나다!

### 한국교육연구네트워크 총서

 **01 핀란드 교육혁명**
한국교육연구네트워크 엮음 | 320쪽 | 값 15,000원

 **02 일제고사를 넘어서**
한국교육연구네트워크 엮음 | 284쪽 | 값 13,000원

 **03 새로운 사회를 여는 교육혁명**
한국교육연구네트워크 엮음 | 380쪽 | 값 17,000원

 **04 교장제도 혁명**
한국교육연구네트워크 엮음 | 268쪽 | 값 14,000원

 **05 새로운 사회를 여는 교육자치 혁명**
한국교육연구네트워크 엮음 | 312쪽 | 값 15,000원

 **06 혁신학교에 대한 교육학적 성찰**
한국교육연구네트워크 엮음 | 308쪽 | 값 15,000원

 **07 진보주의 교육의 세계적 동향**
한국교육연구네트워크 엮음 | 324쪽 | 값 17,000원
2018 세종도서 학술부문

 **08 더 나은 세상을 위한 학교혁명**
한국교육연구네트워크 엮음 | 404쪽 | 값 21,000원
2018 세종도서 교양부문

### 한국교육연구네트워크 번역 총서

 **01 프레이리와 교육**
존 엘리아스 지음 | 한국교육연구네트워크 옮김
276쪽 | 값 14,000원

 **02 교육은 사회를 바꿀 수 있을까?**
마이클 애플 지음 | 강희룡·김선우·박원순·이형빈 옮김
356쪽 | 값 16,000원

 **03 비판적 페다고지는
세상을 변화시킬 수 있는가?**
Seewha Cho 지음 | 심성보·조시화 옮김 | 280쪽 | 값 14,000원

 **04 마이클 애플의 민주학교**
마이클 애플·제임스 빈 엮음 | 강희룡 옮김 | 276쪽 | 값 14,000원

 **05 21세기 교육과 민주주의**
넬 나딩스 지음 | 심성보 옮김 | 392쪽 | 값 18,000원

 **06 세계교육개혁:
민영화 우선인가 공적 투자 강화인가?**
린다 달링-해먼드 외 지음 | 심성보 외 옮김 | 408쪽 | 값 21,000원

 **07 콩도르세, 공교육에 관한 다섯 논문**
니콜라 드 콩도르세 지음 | 이주환 옮김 | 300쪽 | 값 16,000원

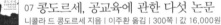

 **혁신학교**
성열관·이순철 지음 | 224쪽 | 값 12,000원

 **행복한 혁신학교 만들기**
초등교육과정연구모임 지음 | 264쪽 | 값 13,000원

 **서울형 혁신학교 이야기**
이부영 지음 | 320쪽 | 값 15,000원

**혁신교육, 철학을 만나다**
브렌트 데이비스·데니스 수마라 지음
현인철·서용선 옮김 | 304쪽 | 값 15,000원

 **대한민국 교사, 어떻게 가르칠 것인가?**
윤성관 지음 | 320쪽 | 값 15,000원

 **아이들을 어떻게 가르칠 것인가**
사토 마나부 지음 | 박찬영 옮김 | 232쪽 | 값 13,000원

 **모두를 위한 국제이해교육**
한국국제이해교육학회 지음 | 364쪽 | 값 16,000원

 **경쟁을 넘어 발달 교육으로**
현광일 지음 | 288쪽 | 값 14,000원

**혁신교육 존 듀이에게 묻다**
서용선 지음 | 292쪽 | 값 14,000원

 **다시 읽는 조선 교육사**
이만규 지음 | 750쪽 | 값 33,000원

 **대한민국 교육혁명**
교육혁명공동행동 연구위원회 지음 | 224쪽 | 값 12,000원

 **독일 교육, 왜 강한가?**
박성희 지음 | 324쪽 | 값 15,000원

 **핀란드 교육의 기적**
한넬레 니에미 외 엮음 | 장수명 외 옮김 | 456쪽 | 값 23,000원

 **한국 교육의 현실과 전망**
심성보 지음 | 724쪽 | 값 35,000원

---

# ▶ 비고츠키 선집 시리즈
발달과 협력의 교육학 어떻게 읽을 것인가?

 **생각과 말**
레프 세묘노비치 비고츠키 지음
배희철·김용호·D. 켈로그 옮김 | 690쪽 | 값 33,000원

 **도구와 기호**
비고츠키·루리야 지음 | 비고츠키 연구회 옮김
336쪽 | 값 16,000원

 **어린이 자기행동숙달의 역사와 발달 I**
L.S. 비고츠키 지음 | 비고츠키 연구회 옮김
564쪽 | 값 28,000원

 **어린이 자기행동숙달의 역사와 발달 II**
L.S. 비고츠키 지음 | 비고츠키 연구회 옮김
552쪽 | 값 28,000원

 **어린이의 상상과 창조**
L.S. 비고츠키 지음 | 비고츠키 연구회 옮김
280쪽 | 값 15,000원

 **비고츠키와 인지 발달의 비밀**
A.R. 루리야 지음 | 배희철 옮김 | 280쪽 | 값 15,000원

 **수업과 수업 사이**
비고츠키 연구회 지음 | 196쪽 | 값 12,000원

 **비고츠키의 발달교육이란 무엇인가?**
비고츠키교육학실천연구모임 지음 | 412쪽 | 값 21,000원

 **비고츠키 철학으로 본 핀란드 교육과정**
배희철 지음 | 456쪽 | 값 23,000원

 **성장과 분화**
L.S. 비고츠키 지음 | 비고츠키 연구회 옮김
308쪽 | 값 15,000원

 **연령과 위기**
L.S. 비고츠키 지음 | 비고츠키 연구회 옮김
336쪽 | 값 17,000원

 **의식과 숙달**
L.S 비고츠키 | 비고츠키 연구회 옮김
348쪽 | 값 17,000원

 **분열과 사랑**
L.S. 비고츠키 지음 | 비고츠키 연구회 옮김
260쪽 | 값 16,000원

 **성애와 갈등**
L.S. 비고츠키 지음 | 비고츠키 연구회 옮김
268쪽 | 값 17,000원

 **관계의 교육학, 비고츠키**
진보교육연구소 비고츠키교육학실천연구모임 지음
300쪽 | 값 15,000원

 **비고츠키 생각과 말 쉽게 읽기**
진보교육연구소 비고츠키교육학실천연구모임 지음
316쪽 | 값 15,000원

 **교사와 부모를 위한 비고츠키 교육학**
카르포프 지음 | 실천교사번역팀 옮김 | 308쪽 | 값 15,000원

## ▶ 살림터 참교육 문예 시리즈
영혼이 있는 삶을 가르치는 온 선생님을 만나다!

 **꽃보다 귀한 우리 아이는**
조재도 지음 | 244쪽 | 값 12,000원

 **성깔 있는 나무들**
최은숙 지음 | 244쪽 | 값 12,000원

 **아이들에게 세상을 배웠네**
명혜정 지음 | 240쪽 | 값 12,000원

 **밥상에서 세상으로**
김흥숙 지음 | 280쪽 | 값 13,000원

 **우물쭈물하다 끝난 교사 이야기**
유기창 지음 | 380쪽 | 값 17,000원

 **선생님이 먼저 때렸는데요**
강병철 지음 | 248쪽 | 값 12,000원

 **서울 여자, 시골 선생님 되다**
조경선 지음 | 252쪽 | 값 12,000원

 **행복한 창의 교육**
최창의 지음 | 328쪽 | 값 15,000원

 **북유럽 교육 기행**
정애경 외 14인 지음 | 288쪽 | 값 14,000원

---

## ▶ 4·16, 질문이 있는 교실 마주이야기
통합수업으로 혁신교육과정을 재구성하다!

 **통하는 공부**
김태호·김형우·이경석·심우근·허진만 지음
324쪽 | 값 15,000원

 **내일 수업 어떻게 하지?**
아이함께 지음 | 300쪽 | 값 15,000원
2015 세종도서 교양부문

 **인간 회복의 교육**
성래운 지음 | 260쪽 | 값 13,000원

 **교과서 너머 교육과정 마주하기**
이윤미 외 지음 | 368쪽 | 값 17,000원

 **수업 고수들 수업·교육과정·평가를 말하다**
박현숙 외 지음 | 368쪽 | 값 17,000원

 **도덕 수업, 책으로 묻고 윤리로 답하다**
울산도덕교사모임 지음 | 320쪽 | 값 15,000원

 **체육 교사, 수업을 말하다**
전용진 지음 | 304쪽 | 값 15,000원

 **미래교육의 열쇠, 창의적 문화교육**
심광현·노명우·강정석 지음 | 368쪽 | 값 16,000원

 **주제통합수업, 아이들을 수업의 주인공으로!**
이윤미 외 지음 | 392쪽 | 값 17,000원

 **수업과 교육의 지평을 확장하는 수업 비평**
윤양수 지음 | 316쪽 | 값 15,000원
2014 문화체육관광부 우수교양도서

 **교사, 선생이 되다**
김태은 외 지음 | 260쪽 | 값 13,000원

 **교사의 전문성, 어떻게 만들어지나**
국제교원노조연맹 보고서 | 김석규 옮김 392쪽 | 값 17,000원

 **수업의 정치**
윤양수·원종희·장군 지음 | 280쪽 | 값 14,000원

 **학교협동조합,
현장체험학습과 마을교육공동체를 잇다**
주수원 외 지음 | 296쪽 | 값 15,000원

# ▶ 4·16, 질문이 있는 교실 마주이야기
통합수업으로 혁신교육과정을 재구성하다!

## 교실을 위한 프레이리
아이러 쇼어 엮음 | 사람대사람 옮김 | 412쪽 | 값 18,000원

## 마을교육공동체란 무엇인가?
서용선 외 지음 | 360쪽 | 값 17,000원

## 교사, 학교를 바꾸다
정진화 지음 | 372쪽 | 값 17,000원

## 함께 배움
학생 주도 배움 중심 수업 이렇게 한다
니시카와 준 지음 | 백경석 옮김 | 280쪽 | 값 15,000원

## 공교육은 왜?
홍섭근 지음 | 352쪽 | 값 16,000원

자기혁신과 공동의 성장을 위한
## 교사들의 필리버스터
윤양수·원종희·장군·조경삼 지음 | 280쪽 | 값 14,000원

## 함께 배움 이렇게 시작한다
니시카와 준 지음 | 백경석 옮김 | 196쪽 | 값 12,000원

## 함께 배움 교사의 말하기
니시카와 준 지음 | 백경석 옮김 | 188쪽 | 값 12,000원

## 교육과정 통합, 어떻게 할 것인가?
성열관 외 지음 | 192쪽 | 값 13,000원

## 학교 혁신의 길, 아이들에게 묻다
남궁상운 외 지음 | 272쪽 | 값 15,000원

## 프레이리의 사상과 실천
사람대사람 지음 | 352쪽 | 값 18,000원
2018 세종도서 학술부문

## 혁신학교, 한국 교육의 미래를 열다
송순재 외 지음 | 608쪽 | 값 30,000원

## 페다고지를 위하여
프레네의 『페다고지 불변요소』 읽기
박찬영 지음 | 296쪽 | 값 15,000원

## 노자와 탈현대 문명
홍승표 지음 | 284쪽 | 값 15,000원

## 거꾸로교실,
잠자는 아이들을 깨우는 수업의 비밀
이민경 지음 | 280쪽 | 값 14,000원

## 교사는 무엇으로 사는가
정은균 지음 | 292쪽 | 값 15,000원

## 마음의 힘을 기르는 감성수업
조선미 외 지음 | 300쪽 | 값 15,000원

## 작은 학교 아이들
지경준 엮음 | 376쪽 | 값 17,000원

## 아이들의 배움은 어떻게 깊어지는가
이시이 준지 지음 | 방지현·이창희 옮김 | 200쪽 | 값 11,000원

## 대한민국 입시혁명
참교육연구소 입시연구팀 지음 | 220쪽 | 값 12,000원

## 교사를 세우는 교육과정
박승열 지음 | 312쪽 | 값 15,000원

전국 17명 교육감들과 나눈
## 교육 대담
최창의 대담·기록 | 272쪽 | 값 15,000원

들뢰즈와 가타리를 통해
## 유아교육 읽기
리세롯 마리엣 올슨 지음 | 이연선 외 옮김 | 328쪽 | 값 17,000원

## 학교 민주주의의 불한당들
정은균 지음 | 276쪽 | 값 14,000원

## 교육과정, 수업, 평가의 일체화
리사 카터 지음 | 박승열 외 옮김 | 196쪽 | 값 13,000원

## 학교를 개선하는 교장
지속가능한 학교 혁신을 위한 실천 전략
마이클 풀란 지음 | 서동연·정효준 옮김 | 216쪽 | 값 13,000원

## 공자뎐, 논어는 이것이다
유문상 지음 | 392쪽 | 값 18,000원

교사와 부모를 위한
## 발달교육이란 무엇인가?
현광일 지음 | 380쪽 | 값 18,000원

**선생님, 민주시민교육이 뭐예요?**
염경미 지음 | 244쪽 | 값 15,000원

 **교사, 이오덕에게 길을 묻다**
이무완 지음 | 328쪽 | 값 15,000원

 **어쩌다 혁신학교**
유우석 외 지음 | 380쪽 | 값 17,000원

 **낙오자 없는 스웨덴 교육**
레이프 스트란드베리 지음 | 변광수 옮김 | 208쪽 | 값 13,000원

 **미래, 교육을 묻다**
정광필 지음 | 232쪽 | 값 15,000원

 **끝나지 않은 마지막 수업**
장석웅 지음 | 328쪽 | 값 20,000원

 **대학, 협동조합으로 교육하라**
박주희 외 지음 | 252쪽 | 값 15,000원

 **경기꿈의학교**
진흥섭 외 지음 | 360쪽 | 값 17,000원

 **입시, 어떻게 바꿀 것인가?**
노기원 지음 | 306쪽 | 값 15,000원

 **학교를 말한다**
이성우 지음 | 292쪽 | 값 15,000원

 **촛불시대, 혁신교육을 말하다**
이용관 지음 | 240쪽 | 값 15,000원

 **행복도시 세종, 혁신교육으로 디자인하다**
곽순일 외 지음 | 392쪽 | 값 18,000원

 **라운드 스터디**
이시이 데루마사 외 엮음 | 224쪽 | 값 15,000원

 **나는 거꾸로 교실 거꾸로 교사**
류광모·임정훈 지음 | 212쪽 | 값 13,000원

 **미래교육을 디자인하는 학교교육과정**
박승열 외 지음 | 348쪽 | 값 18,000원

 **교실 속으로 간 이해중심 교육과정**
온정덕 외 지음 | 224쪽 | 값 13,000원

 **흥미진진한 아일랜드 전환학년 이야기**
제리 제퍼스 지음 | 최상덕·김호원 옮김 | 508쪽 | 값 27,000원

 **교실, 평화를 말하다**
따돌림사회연구모임 초등우정팀 지음 | 268쪽 | 값 15,000원

 **폭력 교실에 맞서는 용기**
따돌림사회연구모임 학급운영팀 지음 | 272쪽 | 값 15,000원

 **학교자율운영 2.0**
김용 지음 | 240쪽 | 값 15,000원

 **그래도 혁신학교**
박은혜 외 지음 | 248쪽 | 값 15,000원

**학교자치를 부탁해**
유우석 외 지음 | 252쪽 | 값 15,000원

---

# ▶ 창의적인 협력 수업을 지향하는 삶이 있는 국어 교실
우리말 글을 배우며 세상을 배운다

 **중학교 국어 수업 어떻게 할 것인가?**
김미경 지음 | 340쪽 | 값 15,000원

 **토론의 숲에서 나를 만나다**
명혜정 엮음 | 312쪽 | 값 15,000원

 **토닥토닥 토론해요**
명혜정·이명선·조선미 엮음 | 288쪽 | 값 15,000원

 **인문학의 숲을 거니는 토론 수업**
순천국어교사모임 엮음 | 308쪽 | 값 15,000원

 **어린이와 시**
오인태 지음 | 192쪽 | 값 12,000원

 **수업, 슬로리딩과 함께**
박경숙 외 지음 | 268쪽 | 값 15,000원

# ▶ 더불어 사는 정의로운 세상을 여는 인문사회과학
사람의 존엄과 평등의 가치를 배운다

**밥상혁명**
강양구·강이현 지음 | 298쪽 | 값 13,800원

**좌우지간 인권이다**
안경환 지음 | 288쪽 | 값 13,000원

**도덕 교과서 무엇이 문제인가?**
김대용 지음 | 272쪽 | 값 14,000원

**민주시민교육**
심성보 지음 | 544쪽 | 값 25,000원

**자율주의와 진보교육**
조엘 스프링 지음 | 심성보 옮김 | 320쪽 | 값 15,000원

**민주시민을 위한 도덕교육**
심성보 지음 | 500쪽 | 값 25,000원
2015 세종도서 학술부문

**민주화 이후의 공동체 교육**
심성보 지음 | 392쪽 | 값 15,000원
2009 문화체육관광부 우수학술도서

**교과서 밖에서 배우는 인문학 공부**
정은교 지음 | 280쪽 | 값 13,000원

**갈등을 넘어 협력 사회로**
이창언·오수길·유문종·신윤관 지음 | 280쪽 | 값 15,000원

**오래된 미래교육**
정재걸 지음 | 392쪽 | 값 18,000원

**동양사상과 마음교육**
정재걸 외 지음 | 356쪽 | 값 16,000원
2015 세종도서 학술부문

**대한민국 의료혁명**
전국보건의료산업노동조합 엮음 | 548쪽 | 값 25,000원

**교과서 밖에서 배우는 철학 공부**
정은교 지음 | 280쪽 | 값 14,000원

**교과서 밖에서 배우는 고전 공부**
정은교 지음 | 288쪽 | 값 14,000원

**교과서 밖에서 배우는 사회 공부**
정은교 지음 | 304쪽 | 값 15,000원

**전체 안의 전체 사고 속의 사고**
김우창의 인문학을 읽다
현광일 지음 | 320쪽 | 값 15,000원

**교과서 밖에서 배우는 윤리 공부**
정은교 지음 | 292쪽 | 값 15,000원

**카스트로, 종교를 말하다**
피델 카스트로·프레이 베토 대담 | 조세종 옮김
420쪽 | 값 21,000원

**한글 혁명**
김슬옹 지음 | 388쪽 | 값 18,000원

**일제강점기 한국철학**
이태우 지음 | 448쪽 | 값 25,000원

**우리 안의 미래교육**
정재걸 지음 | 484쪽 | 값 25,000원

**한국 교육 제4의 길을 찾다**
이길상 지음 | 400쪽 | 값 21,000원

## ▶ 평화샘 프로젝트 매뉴얼 시리즈
학교폭력에 대한 근본적인 예방과 대책을 찾는다

 **학교폭력 어떻게 만들어지는가**
문재현 외 지음 | 300쪽 | 값 14,000원

 **아이들을 살리는 동네**
문재현·신동명·김수동 지음 | 204쪽 | 값 10,000원

 **학교폭력, 멈춰!**
문재현 외 지음 | 348쪽 | 값 15,000원

 **평화! 행복한 학교의 시작**
문재현 외 지음 | 252쪽 | 값 12,000원

 **왕따, 이렇게 해결할 수 있다**
문재현 외 지음 | 236쪽 | 값 12,000원

 **마을에 배움의 길이 있다**
문재현 지음 | 208쪽 | 값 10,000원

 **젊은 부모를 위한 백만 년의 육아 슬기**
문재현 지음 | 248쪽 | 값 13,000원

 **별자리, 인류의 이야기 주머니**
문재현·문한 외 지음 | 444쪽 | 값 20,000원

 **우리는 마을에 산다**
유양우·신동명·김수동·문재현 지음 | 312쪽 | 값 15,000원

 **동생아, 우리 뭐 하고 놀까?**
문재현·김미자·윤재화·임오규·권옥화 지음 | 280쪽 | 값 15,000원

## ▶ 남북이 하나 되는 두물머리 평화교육
분단 극복을 위한 치열한 배움과 실천을 만나다

 **10년 후 통일**
정동영·지승호 지음 | 328쪽 | 값 15,000원

 **선생님, 통일이 뭐예요?**
정경호 지음 | 252쪽 | 값 13,000원

 **분단시대의 통일교육**
성래운 지음 | 428쪽 | 값 18,000원

 **김창환 교수의 DMZ 지리 이야기**
김창환 지음 | 264쪽 | 값 15,000원

 **한반도 평화교육 어떻게 할 것인가**
이기범 외 지음 | 252쪽 | 값 15,000원

# ▶ 출간 예정

# 참된 삶과 교육에 관한
생각 줍기